现代农业产业高质量发展探索与实践
——以浙江省衢州市为例

◎ 薛颖昊　徐志宇　毛正荣　周爱明　等　编著

中国农业科学技术出版社

图书在版编目（CIP）数据

现代农业产业高质量发展探索与实践：以浙江省衢州市为例 / 薛颖昊等编著. -- 北京：中国农业科学技术出版社，2022.10
ISBN 978-7-5116-5903-3

Ⅰ. ①现… Ⅱ. ①薛… Ⅲ. ①现代农业－农业产业－产业发展－研究－衢州 Ⅳ. ① F327.553

中国版本图书馆 CIP 数据核字（2022）第 167123 号

本书地图经衢州市自然资源和规划局审核
地图审核号：浙衢 S（2022）5 号

责任编辑 金 迪
责任校对 马广洋
责任印制 姜义伟 王思文

出 版 者 中国农业科学技术出版社
北京市中关村南大街 12 号 邮编：100081
电 话 （010）82106625（编辑室）（010）82109702（发行部）
（010）82109709（读者服务部）
网 址 http：// www.castp.cn
经 销 者 各地新华书店
印 刷 者 北京建宏印刷有限公司
开 本 170 mm × 240 mm 1/16
印 张 11
字 数 190 千字
版 次 2022 年 10 月第 1 版 2022 年 10 月第 1 次印刷
定 价 88.00 元

《现代农业产业高质量发展探索与实践——以浙江省衢州市为例》

编著委员会

主　　任：严东权　　闫　成　　郑明福　　付长亮

副 主 任：徐志宇　　姜根太　　薛颖昊　　毛正荣

编 著 人 员

主 编 著：薛颖昊　　徐志宇　　毛正荣　　周爱明

副主编著：孙仁华　　冯浩杰　　白春明　　王小兰　　胡潇方

编著人员（请按姓氏笔画排序）：

王玉娟　　王思楚　　毛泽楷　　文北若　　方　俊
尹献远　　甘　勇　　朱文杰　　朱真令　　朱提庆
任雅薇　　刘　坤　　刘代丽　　许雪乔　　孙　昊
孙元丰　　严　波　　李　群　　李欣欣　　李荣会
李晓阳　　李朝婷　　杨午滕　　汪燕君　　宋成军
张霁萱　　陈旭蕾　　居学海　　赵丽莉　　胡君怡
柴多梅　　倪润祥　　徐　霄　　焦明会　　谭　平
颜雯婷

前 言

“十四五”时期，我国进入全面建设社会主义现代化国家、向第二个百年奋斗目标进军的新发展阶段。这个新发展阶段，是我国经济社会发展新的历史方位，瞄准目标是2035年基本实现国家现代化。这个新发展阶段，需要我们贯彻新发展理论，构建新发展格局，实现高质量发展。与之相适应，进入“十四五”，“三农”工作重心发生了历史性转移，进入全面推进乡村振兴、加快农业农村现代化的新阶段。这是“三农”工作新的发展定位。这个定位，是瞄准2035年基本实现农业农村现代化的重大部署；这个定位，也是农业农村发展站在新的历史起点上，对“三农”工作进行全面性谋划、战略性布局的重大安排。习近平总书记强调，没有农业农村现代化，就没有整个国家现代化。在国家现代化中，工业化、信息化、城镇化是快变量，而农业农村现代化是慢变量，必须要作为重中之重，优先发展，才能实现“四化”同步。农业高质高效是农业现代化的根本要求，乡村宜居宜业是农村现代化的重要标志，农民富裕富足是农业农村现代化的核心目标。

浙江省是我国农、林、牧、渔全面发展的综合性农区，在“三农”高质量发展方面取得了较好成绩，同时也是全国唯一省部共建乡村振兴示范省，在浙江省开展农业产业高质量发展探索与实践，具有十分重要的意义。衢州市位于长江三角洲地区，浙江省西部，南接福建南平，西连江西上饶、景德镇，北邻安徽黄山，东与省内金华、丽水、杭州三市相交，有“四省通衢，五路总头”之称，区位优势明显。“十三五”期间衢州市农林牧渔产值达到148.33亿元，比“十二五”期末增长5.97%，农业产业发展后劲持续增强，农民收入增幅持续走在浙江省前列。近年来，衢州市农业现代化取得较大成就，但也面临农业基础薄弱、特色产业发展水平不高等问题，因此探索具有衢州特色的农业产业高质量发展道路，在新冠疫情常态化压力下实现农业农村现代化建设、农民收入持续提升等攻坚任务，迫在眉睫，刻不容缓。

本研究在深入剖析衢州市农业发展基础条件和产业状况的基础上，遵循市场导向、绿色引领、适度聚集、融合发展等原则，以农业增效、农民增收为目标，通过“六化”（绿色化、数字化、园区化、标准化、融合化、品牌化）协同建设，完善现代农业产业体系、生产体系、经营体系，推进农业高质量发展，努力打造衢州乡村振兴跨越发展样板和农业绿色发展先行标杆。在空间布局上，按照因地制宜、分类施策原则，结合农业资源环境承载力、农业适宜性、产业基础、发展趋势和“三区三线”管控要求，构建“三带四区”的农业发展空间格局。在产业发展上，结合衢州“3+X”特色农业产业，重点打造粮油产业、水果产业、蔬菜和食用菌产业、中药材产业、畜禽养殖业、水产养殖业和蜂产业等“七大农业产业”，推进衢州市农业产业现代化整体水平提升和农业绿色高质量发展。在支撑条件上，重点打造农业基础设施、农业机械装备、农业科技创新、农产品质量安全、数字农业农村、农业产业社会化服务等“六大支撑体系”。在保障措施上，建立健全组织、政策、资金、人才、科技、宣传等“六大保障体系”，着力将衢州市建设成浙江省农业“双强”提质的先行者、未来乡村建设的模范生、四省边际共同富裕的样板地。

本研究得到了衢州市人民政府和衢州市农业农村局的大力支持，与山东农业大学、中国农业大学等单位共同完成。本书出版时间紧迫，编者调研和掌握的资料也较为有限，书中可能存在一些值得商榷之处。恳请大家批评指正。

编著者

2022 年 8 月

目 录

第 1 章 研究背景 …………………………… 001
1.1 重大意义 …………………………… 001
1.2 研究范围 …………………………… 004
1.3 功能定位 …………………………… 005
1.4 研究时限 …………………………… 005
1.5 参考依据 …………………………… 005
第 2 章 产业现状 …………………………… 013
2.1 粮油产业 …………………………… 013
2.2 水果产业 …………………………… 019
2.3 蔬菜和食用菌产业 …………………………… 023
2.4 中药材产业 …………………………… 029
2.5 畜禽养殖业 …………………………… 033
2.6 水产养殖业 …………………………… 038
2.7 蜂产业 …………………………… 042
第 3 章 面临形势 …………………………… 045
3.1 发展背景 …………………………… 045
3.2 面临挑战与机遇 …………………………… 046
第 4 章 总体要求 …………………………… 048
4.1 指导思想 …………………………… 048
4.2 基本原则 …………………………… 048
4.3 战略定位 …………………………… 049
4.4 发展目标 …………………………… 050

第 5 章　优化农业主体功能与空间布局 …………………………054
5.1　农业生产适宜性评价 …………………………………… 054
5.2　优化农业生产布局 ……………………………………… 066
第 6 章　构建高质量现代农业产业体系 …………………………068
6.1　粮油产业 ………………………………………………… 068
6.2　水果产业 ………………………………………………… 076
6.3　蔬菜和食用菌产业 ……………………………………… 087
6.4　中药材产业 ……………………………………………… 097
6.5　畜禽养殖业 ……………………………………………… 106
6.6　水产养殖业 ……………………………………………… 116
6.7　蜂产业 …………………………………………………… 124
第 7 章　提升高质量现代农业支撑体系 …………………………131
7.1　提升农业基础设施支撑体系 …………………………… 131
7.2　持续建设农业机械装备支撑体系 ……………………… 132
7.3　创新农业科技支撑与推广体系 ………………………… 133
7.4　健全农产品质量安全监测体系 ………………………… 135
7.5　夯实数字农业农村支撑体系 …………………………… 136
7.6　完善农业产业社会化服务体系 ………………………… 136
第 8 章　强化高质量现代农业保障体系 …………………………139
8.1　组织保障 ………………………………………………… 139
8.2　政策保障 ………………………………………………… 139
8.3　资金保障 ………………………………………………… 140
8.4　人才保障 ………………………………………………… 141
8.5　科技保障 ………………………………………………… 141
8.6　宣传保障 ………………………………………………… 142
附录……………………………………………………………………143

第1章　研究背景

1.1　重大意义

党的十九大作出中国特色社会主义进入新时代的科学论断，提出实施乡村振兴战略的重大历史任务，推动农业农村取得历史性成就、发生历史性变革。农业综合生产能力上了大台阶，2021 年我国粮食总产量达到 68 285 万 t，较 2020 年增产 1 335 万 t，连续 7 年保持在 65 000 万 t 以上。农村民生显著改善，乡村面貌焕然一新。贫困地区发生翻天覆地的变化，解决困扰中华民族几千年的绝对贫困问题取得历史性成就，为全面建成小康社会作出了重大贡献，为开启全面建设社会主义现代化国家新征程奠定了坚实基础。

面对世界百年未有之变局和新冠肺炎疫情，2022 年中央一号文件提出，推动经济社会平稳健康发展，稳住农业基本盘，守好“三农”基础是应变局、开新局的“压舱石”。当前全球新冠肺炎疫情仍在蔓延，世界经济复苏脆弱，我国经济社会发展各项任务极为繁重艰巨，必须充分认识新发展阶段做好“三农”工作的重要性和紧迫性，坚持把解决好“三农”问题作为全党工作重中之重，举全党全社会之力推动乡村振兴，促进农业高质高效、乡村宜居宜业、农民富裕富足。农业高质量发展是指围绕优化农业资源配置，使供给与市场需求更加契合，形成产出高效、产品安全、资源节约、环境友好的农业供给体系，提高农业经济效益和竞争力，主要特征是产品质量高、产业效益高、生产效率高、经营者素质高、国际竞争力高、农民收入高。农业高质量发展是实现经济高质量发展的基础，保障重要农产品有效供给始终是“三农”工作的头等大事。在经济下行压力加大、外部环境发生深刻变化的复杂形势下，发挥好“三农”压舱石作用，稳住农业生产和农产品市场供给，稳住农民收入和农村消费市场增长势头，对于国民经济稳定健康发展具有特别重要的意义。

浙江省是我国农、林、牧、渔全面发展的综合性高产农区，素有“鱼米之乡、丝茶之府”的美誉。2021 年 12 月，浙江省出台《关于推进乡村产业高质量发展的若干意见》，提出要加快构建地域特色鲜明、创新创业活跃、业态类型丰富、利益联结紧密的现代乡村产业体系，为振兴乡村、建设“重要窗口”提供有力支撑。2022 年 6 月，浙江省第十五次党员代表大会报告中提出全省要在高质量发展中奋力推进中国特色社会主义共同富裕先行和省域现代化先行，深入实施以人为核心的新型城镇化战略和乡村振兴战略，加快推进农业农村现代化。高质量创建乡村振兴示范省，实施“科技强农、机械强农”行动，建设农业科创高地，深化“三位一体”农合联（农民合作经济组织联合会）改革，大力发展高效生态农业；落实最严格的耕地保护政策，坚决遏制耕地“非农化”，防止基本农田“非粮化”，全力打好粮食安全保卫战。深入贯彻实施乡村振兴战略，聚焦农业农村高质量发展、竞争力提升和现代化建设，坚持绿色生态、可持续和绩效导向，重点突出公共性、公益性、基础性、引领性和保障性，支持推进农业供给侧结构性改革和现代农业产业转型升级发展，进一步夯实粮食生产能力和农业基础，保障重要农产品有效供给，保护农业生态资源，发展壮大新型农业生产经营主体和乡村产业，促进小农和现代农业发展有机衔接、提质增效和农民增收，加快培育发展新动能，提高农业发展质量效益、综合竞争力和现代化水平。

衢州市位于浙江省西部，长江三角洲地区，南接福建南平，西连江西上饶、景德镇，北邻安徽黄山，东与省内金华、丽水、杭州三市相交，有“四省通衢，五路总头”之称（图 1-1）。作为四省边际中心城市，衢州市委市政府坚决落实习近平总书记指示，以及关于乡村振兴战略的系列重大部署，召开了衢州乡村振兴大会暨农业高质量发展推进会，提出紧紧围绕加快农民增收这个核心目标，全面推进乡村振兴，让广大农民群众共建共享乡村振兴和共同富裕成果。一要聚焦“产业振兴”，促进农业高质高效；二要聚焦“生态振兴”，促进环境宜居宜业；三要聚焦“文化振兴”，促进精神富有富足；四要聚焦“人才振兴”，促进活力激发迸发；五要聚焦“组织振兴”，促进社会和谐和睦。2022 年 4 月，衢州市第八次党员代表大会报告提出要做活乡村振兴大文章，加快农业农村现代化建设，紧紧围绕农民增收这个核心，深入挖掘乡村经济、生态和文化价值，促进农业高质高效、乡村宜居宜业、农民富裕富足。要做强乡村产业，大力实施农业“双强行动”，加大土地集中连片流转和耕地宜机化改造力度，强化优质种业资源保护培育推广，扩大“三衢味”等品牌影响，促进农业提质增效。完善提升“3+X”特色农业产业体系，大力培育现代农业龙头企业，加快建设未来农业园区、未来数字农场和农产品加工集聚区，推动“产加销一体化”发展；培育壮大新富民产业，积极拓展乡村游、研学、村播等新业态新模式，努力让“人人有事做，家家有收入”；坚决遏制耕地“非农化”、基本农田“非粮化”，稳定生猪生产，守牢粮食安全和重要农副产品稳产保供底线。农业高质量发展能够因地制宜地将更多先进技术和现代化生产方式运用到农业，将新技术、新业态、新商业模式贯穿其中，能够有效地实现农业综合效益的大幅提升，从而为乡村振兴、农业农村现代化建设提供良好的发展保障。

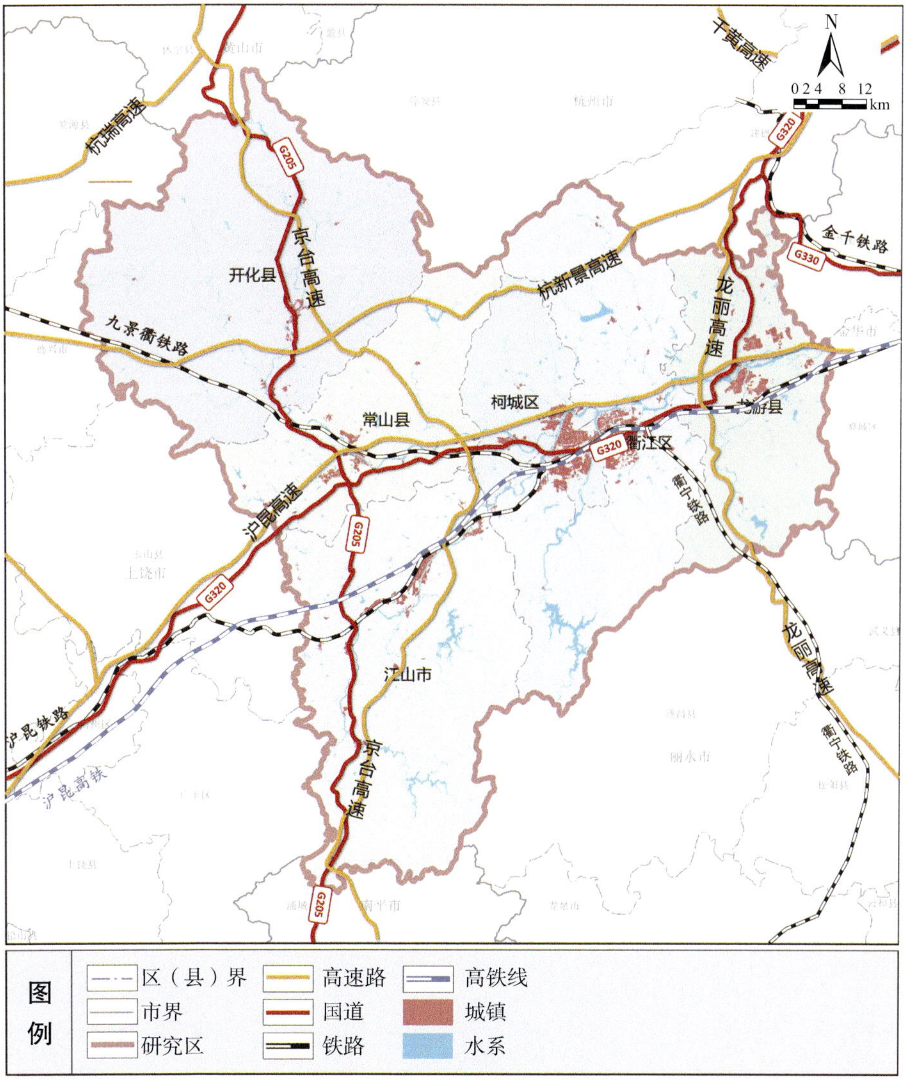

图 1-1 衢州市区位分析

1.2 研究范围

本研究范围覆盖浙江省衢州市行政区域，辖柯城区、衢江区、江山市、龙游县、常山县和开化县等六县（市、区），合计为22街道、43镇、38乡、107社区居委会、1 482行政村。土地总面积8 844.56 km^2，耕地面积7 888 km^2（图1-2）。

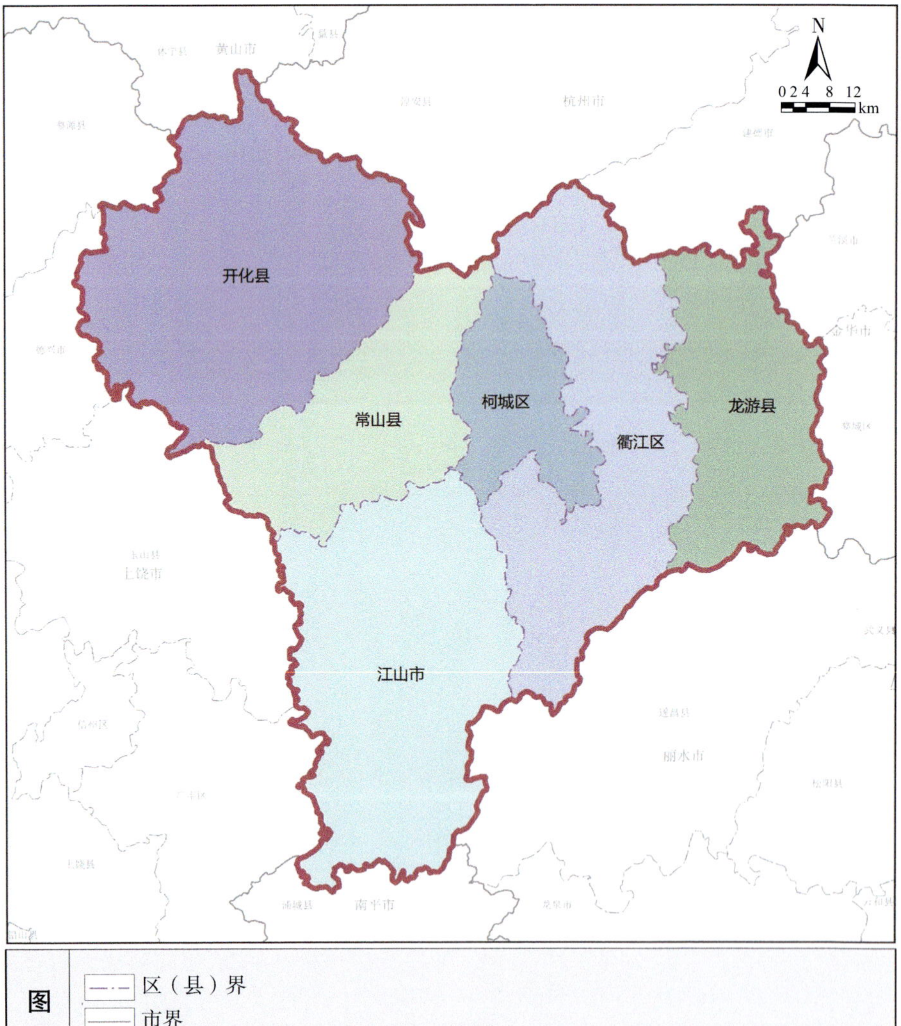

图1-2　衢州市行政区划

1.3　功能定位

本研究提出了衢州市现代农业产业空间优化布局和发展方向，明确了衢州市现代农业产业高质量发展的路线图和任务书，为有序推进农业产业高质量发展提供指导目标。

1.4　研究时限

本研究的时间范围为 2021—2025 年。

1.5　参考依据

1.5.1　国家法律法规和政策文件

《中华人民共和国固体废物污染环境防治法》（2020 年修订）

《中华人民共和国土地管理法》（2019 年修订）

《中华人民共和国农村土地承包法》（2018 年修订）

《中华人民共和国畜牧法》（2015 年修订）

《中华人民共和国环境保护法》（2014 年修订）

《畜禽规模养殖污染防治条例》（中华人民共和国国务院令第 643 号，2013）

《中华人民共和国水土保持法》（2010 年修订）

《中华人民共和国基本农田保护条例》（2020 年修订）

《中华人民共和国农业法》（2012 年修订）

《中华人民共和国乡村振兴促进法》（2021）

《关于推动城乡建设绿色发展的意见》（中共中央办公厅　国务院办公厅印发，2021）

《中共中央　国务院关于做好2022年全面推进乡村振兴重点工作的意见》（2022年中央一号文件）

《“十四五”推进农业农村现代化规划》（国务院印发，2022）

《中共中央　国务院关于全面推进乡村振兴加快农业农村现代化的意见》（2021）

《中共中央　国务院关于实现巩固拓展脱贫攻坚成果同乡村振兴有效衔接的意见》（2021）

《中共中央关于制定国民经济和社会发展第十四个五年规划和二〇三五年远景目标的建议》（2020）

《中共中央　国务院关于抓好“三农”领域重点工作确保如期实现全面小康的意见》（2020）

《关于促进畜牧业高质量发展的意见》

《关于防止耕地“非粮化”稳定粮食生产的意见》

《关于在国土空间规划中统筹划定落实三条控制线的指导意见》（中共中央办公厅　国务院办公厅印发，2019年11月）

《中共中央办公厅　国务院办公厅关于加强和改进乡村治理的指导意见》（2019）

《国务院关于促进乡村产业振兴的指导意见》

《关于创新体制机制推进农业绿色发展的意见》（中共中央办公厅　国务院办公厅印发，2017年9月）

《关于设立统一规范的国家生态文明试验区的意见》（中共中央办公厅　国务院办公厅印发，2016年8月）

《中共中央　国务院关于加快推进生态文明建设的意见》（中共中央办公厅　国务院办公厅印发，2015年4月）

《中共中央　国务院关于加大改革创新力度加快农业现代化建设的若干意见》

《国务院办公厅关于加快转变农业发展方式的意见》

《国务院办公厅关于推进农村一二三产业融合发展的指导意见》

《“十四五”循环经济发展规划》（国家发展改革委印发，2021年7月）

《关于深化生态保护补偿制度改革的意见》（中共中央办公厅　国务院办公厅印发，2021年9月）

《农业农村部关于修改和废止部分规章、规范性文件的决定》（农业农村部令 2022 年第 1 号）

《农村人居环境整治提升五年行动方案（2021—2025 年）》（中共中央办公厅　国务院办公厅印发，2021 年 12 月）

《绿色食品产业"十四五"发展规划纲要》（中国绿色食品发展中心印发，2021）

《"十四五"全国农业绿色发展规划》（农规发〔2021〕8 号）

《关于拓展农业多种功能促进乡村产业高质量发展的指导意见》（农产发〔2021〕7 号）

《生猪产能调控实施方案（暂行）》（农业农村部印发，2021 年 9 月）

《农业农村部关于促进农业产业化龙头企业做大做强的意见》（农产发〔2021〕5 号）

《农业农村部关于统筹利用撂荒地促进农业生产发展的指导意见》（农规发〔2021〕1 号）

《"十四五"全国农业农村科技发展规划》（农科教发〔2021〕13 号）

《关于做好"三农"领域补短板项目库建设工作的通知》（农办计财〔2020〕1 号）

《关于印发国家农业可持续发展试验示范区建设方案的通知》（农计发〔2016〕88 号）

《关于印发〈关于推进农业废弃物资源化利用试点的方案〉的通知》（农计发〔2016〕90 号）

《农业部办公厅关于印发〈轮作休耕试点区域耕地质量监测方案〉的通知》（农办农〔2016〕28 号）

《农业部办公厅财政部办公厅关于做好 2016 年农业生产全程社会化服务试点工作的通知》（农办财〔2016〕36 号）

《农业部关于打好农业面源污染防治攻坚战的实施意见》（农科教发〔2015〕1 号）

《农业部关于印发〈到 2020 年化肥使用量零增长行动方案〉和〈到 2020 年农药使用量零增长行动方案〉的通知》（农农发〔2015〕2 号）

《农业部关于印发〈耕地质量保护与提升行动方案〉的通知》（农农发〔2015〕5 号）

《农业部办公厅关于贯彻落实〈农业部关于打好农业面源污染防治攻坚战的实施意见〉的通知》（农办科〔2015〕24号）

1.5.2 浙江省地方性法规和政策文件

《浙江省国民经济和社会发展第十四个五年规划和二〇三五年远景目标纲要》（2021—2035年）

《浙江省重大建设项目“十四五”规划》（2021—2025年）

《深化生态文明示范创建高水平建设新时代美丽浙江规划纲要（2020—2035年）》

《浙江省农业农村现代化“十四五”规划》（2021—2025年）

《浙江省粮食和物资储备发展“十四五”规划》（2021—2025年）

《浙江省畜牧业高质量发展“十四五”规划》（2021—2025年）

《浙江省科技创新发展“十四五”规划》（2021—2025年）

《浙江省土壤、地下水和农业农村污染防治“十四五”规划》（2021—2025年）

《浙江省新型贸易发展“十四五”规划》（2021—2025年）

《浙江省节能降耗和能源资源优化配置“十四五”规划》（2021—2025年）

《浙江省中医药发展“十四五”规划》（2021—2025年）

《浙江省国内贸易发展“十四五”规划》（2021—2025年）

《浙江省自由贸易发展“十四五”规划》（2021—2025年）

《浙江省基础测绘“十四五”规划》（2021—2025年）

《浙江省数字经济发展“十四五”规划》（2021—2025年）

《浙江省可再生能源发展“十四五”规划》（2021—2025年）

《浙江省水安全保障“十四五”规划》（2021—2025年）

《浙江省水生态环境保护“十四五”规划》（2021—2025年）

《浙江省林业发展“十四五”规划》（2021—2025年）

《关于印发浙江省土壤、地下水和农业农村污染防治“十四五”规划的通知》（浙发改规划〔2021〕250号）

《关于深化长三角生态绿色一体化发展示范区环评制度改革的指导意见（试行）》（浙环函〔2021〕260号）

《浙江省农业农村厅关于加快推进抛荒耕地综合利用的通知》（浙农专发〔2021〕63 号）

《浙江省乡村振兴战略规划（2018—2022 年）》

《浙江省现代农业发展“十三五”规划》（2016—2020 年）

《关于印发浙江省农产品质量安全与农业农村扶持政策挂钩实施办法（试行）的通知》（浙农质发〔2020〕14 号）

《浙江省农业农村厅关于印发农业绿色发展试点先行区 2019 年实施计划的通知》（浙农科发〔2019〕8 号）

《浙江省农业农村厅办公室关于印发浙江省水稻化肥定额制施用技术指导意见的通知》（浙农办〔2019〕15 号）

《关于印发浙江省森林生态效益补偿资金管理办法的通知》（浙财建〔2019〕10 号）

《浙江省农业农村污染治理攻坚战实施方案的通知》（浙环函〔2019〕166 号）

《关于印发浙江省农产品质量安全与农业农村扶持政策挂钩实施办法（试行）的通知》（浙农质发〔2020〕14 号）

《关于印发浙江（衢州）“两山”实践示范区总体方案的通知》（浙政办发〔2018〕7 号）

《浙江省农业绿色发展试点先行区三年行动计划（2018—2020 年）》（浙农科发〔2018〕14 号）

《关于明确浙江省河湖“清四乱”专项行动问题认定及清理整治标准的通知》（浙水河〔2018〕29 号）

《关于加强美丽河湖建设的指导意见》（浙水河〔2018〕14 号）

《关于大力推进林业综合改革的实施意见》（浙政办发〔2018〕29 号）

《关于强化实施创新驱动发展战略深入推进大众创业万众创新的实施意见》（浙政发〔2018〕31 号）

《关于加快推进农业供给侧结构性改革大力发展粮食产业经济的实施意见》（浙政办发〔2018〕37 号）

《关于做好低丘缓坡开发利用推进生态“坡地村镇”建设的若干意见》（浙政办发〔2018〕64 号）

《关于再创新体制机制新优势高水平推进农业绿色发展的实施意见》（浙委办发〔2018〕64 号）

《关于实施全域土地综合整治与生态修复工程的意见》（浙政办发〔2018〕80号）

《关于印发浙江省农业可持续发展规划（2016—2025）的通知》（浙农计发〔2017〕16号）

《关于扎实推进农村生活垃圾分类处理工作的意见》（浙委办发〔2017〕68号）

《浙江省人民政府关于衢州市土地利用总体规划的批复》（浙政函〔2017〕157号）

《关于印发浙江省畜禽养殖废弃物高水平资源化利用工作方案的通知》（浙政办发〔2017〕108号）

《关于印发浙江省水污染防治重点行业清洁化改造方案的通知》（浙环函〔2017〕298号）

《浙江省现代生态循环农业发展“十三五”规划》（浙农计发〔2016〕17号）

浙江省农业厅等10部门关于印发《浙江省农业可持续发展规划（2016—2025）》的通知（浙农计发〔2017〕16号）

《浙江省人民政府办公厅关于印发浙江省生态环境保护“十三五”规划的通知》（浙政办发〔2016〕140号）

《浙江省人民政府办公厅关于印发浙江省旅游业发展“十三五”规划的通知》（浙政办发〔2016〕151号）

《浙江省人民政府办公厅关于加强传统村落保护发展的指导意见》（浙政办发〔2016〕84号）

《浙江省发展生态循环农业行动方案》（2012）

《浙江生态省建设规划纲要》（2003）

1.5.3　衢州市地方性法规及政策文件

《关于聚焦农民收入持续快速增长推动共同富裕的若干意见》（衢政办发〔2022〕1号）

《关于聚焦“3+X”特色产业推动农业高质量发展的指导意见》（衢政办发〔2021〕21号）

《关于2021年衢州市水稻绿色高产创建工作的实施意见》（衢农专〔2021〕

31 号）

《衢州市国民经济和社会发展第十四个五年规划和二〇三五年远景目标纲要》（2021）

《衢州市农业农村现代化“十四五”规划》（2021）

《衢州市应对气候变化“十四五”规划》（2021）

《衢州市水生态环境保护“十四五”规划》（2021）

《衢州市生态环境保护“十四五”规划》（2021）

《衢州市人才发展“十四五”规划》（2021）

《衢州市粮食和物资储备发展“十四五”规划》（2021）

《衢州市科技创新“十四五”发展规划》（2021）

《衢州市基础测绘“十四五”规划》（2021）

《衢州市地质灾害防治“十四五”规划》（2021）

《衢州市能源发展“十四五”规划》（2021）

《衢州市水安全保障“十四五”规划》（2021）

《衢州市商务高质量发展“十四五”规划》（2021）

《衢州市数字经济发展“十四五”规划》（2021）

《衢州市质量强市“十四五”规划》（2021）

《衢州市林业发展“十四五”规划》（2021）

《浙江省大花园建设核心区（衢州市）规划》（2018—2022 年）

《衢州市人民政府办公室关于印发衢州市构建现代农业高质量发展体系行动计划的通知》（衢政办发〔2018〕95 号）

《衢州市土地利用总体规划（2006—2020 年）》（2015）

《衢州市国家生态文明建设示范市创建规划》（2018—2025 年）

《衢州市大花园建设行动纲要》（衢委发〔2018〕7 号）

《关于印发衢州市推进新型智慧城市建设行动计划（2018—2020）的通知》（衢政办发〔2018〕23 号）

《关于印发衢州市美丽田园建设实施方案的通知》（衢政办发〔2018〕58 号）

《关于印发衢州市“五水共治”（河长制）碧水行动实施方案的通知》（衢政办发〔2018〕63 号）

《关于印发衢州市高水平推进农村人居环境提升三年行动方案（2018—2020 年）的通知》（衢政办发〔2018〕81 号）

《关于印发全面实施乡村振兴战略加快衢州柑桔产业转型发展行动计划的通知》（衢政办发〔2018〕85 号）

《关于加大力度支持民族乡村加快发展的实施意见》（衢政办发〔2018〕90 号）

《关于印发衢州市水土保持目标责任制考核办法的通知》（衢政办发〔2018〕97 号）

《关于印发衢州市构建现代农业高质量发展体系行动计划的通知》（衢政办发〔2018〕95 号）

《关于印发衢州市巩固城市黑臭水体治理成果实施方案的通知》（衢政办发〔2018〕102 号）

《关于印发衢州市土壤污染防治工作方案的通知》（衢政发〔2017〕25 号）

《关于下达衢州市 2017—2020 年土地整治任务的通知》（衢政办发〔2017〕49 号）

《关于印发衢州市水污染防治行动计划的通知》（衢政发〔2016〕52 号）

《关于加强畜禽排泄物资源化利用推进生态循环农业发展的若干意见》（衢政办发〔2013〕82 号）

1.5.4 其他相关资料文献

《衢州市统计年鉴》（2016—2020）

《高标准基本农田建设标准》（TD/T 1033—2012）

《无公害食品蔬菜生产管理规范》（NY/T 5363—2010）

《食用农产品产地环境质量评价标准》（HJ/T 332—2006）

《农田灌溉水质量标准》（GB 5084—2005）

《地表水环境质量标准》（GB 3838—2002）

《畜禽养殖业污染物排放标准》（GB 18596—2001）

《绿色食品产地环境技术条件》（NY/T 391—2000）

《环境空气质量标准》（GB 3095—1996）

《土壤环境质量　农用地土壤污染风险管控标准（试行）》（GB 15618—2018）

《保护农作物的大气污染物最高允许浓度》（GB 9137—1988）

第 2 章　产业现状

农业产业是衢州市实现乡村全面振兴的重要根基，是衢州市促进农业增效、农民增收的重要抓手，是衢州市推进农业农村现代化的重要引擎。

根据《农业及相关产业统计分类（2020）》《全国乡村产业发展规划（2020—2025 年）》《特色农产品优势区建设规划纲要》中的产业分类，结合衢州《关于“3+X”特色农业产业高质量发展的实施意见》，将衢州市农业产业分为粮油产业、水果产业、蔬菜和食用菌产业、中药材产业、畜禽养殖业、水产养殖业和蜂产业等七类。

2.1　粮油产业

2.1.1　粮油作物种植情况

2.1.1.1　粮食作物种植概况

粮食作物包括谷物、豆类和薯类。近 5 年衢州市粮食作物种植面积稳定在 130 万亩[①] 以上，粮食总产量在 55 万 t 以上（图 2-1，图 2-2）。从粮食作物种植面积县域分布情况看，主要种植区域为江山市、龙游县和衢江区。粮食作物以稻谷为主，约占粮食作物种植面积总额的 80%（图 2-3）。

① 1 亩≈667 m^2，全书同。

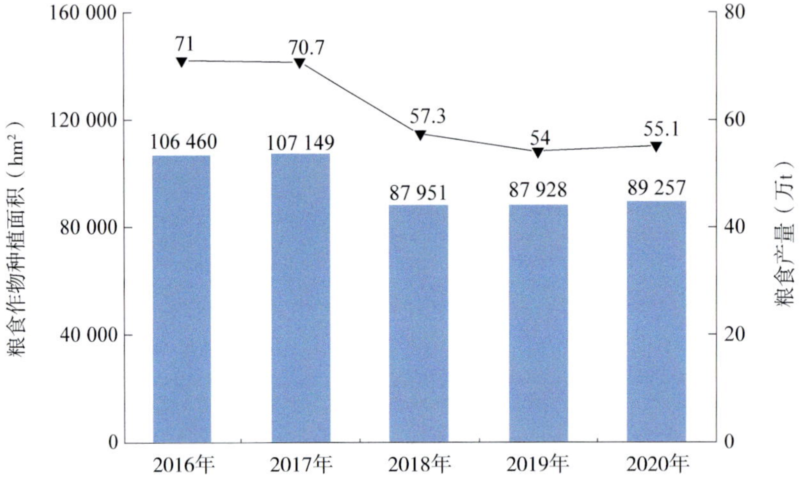

图 2-1　衢州市 2016—2020 年粮食作物种植面积及产量情况

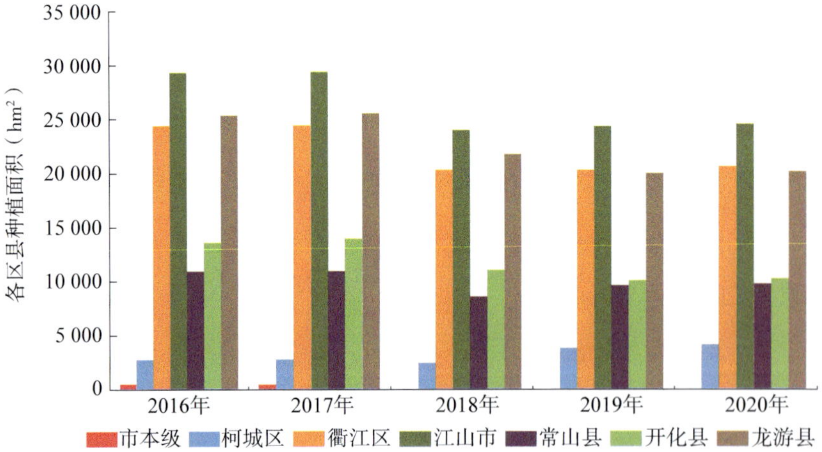

图 2-2　衢州市 2016—2020 年粮食作物种植面积县域分布

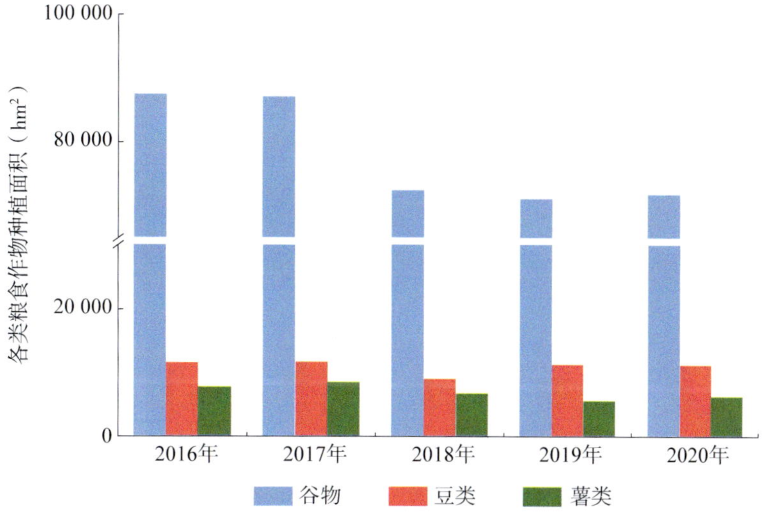

图 2-3　衢州市 2016—2020 年各类粮食作物种植面积

2.1.1.2　油料作物种植概况

本章中油料作物主要指的是油菜。衢州市 2016—2020 年油料作物种植面积见图 2-4。从油料作物种植面积县域分布情况看，主要种植区域为龙游县、江山市、开化县和衢江区（图 2-5，图 2-6）。

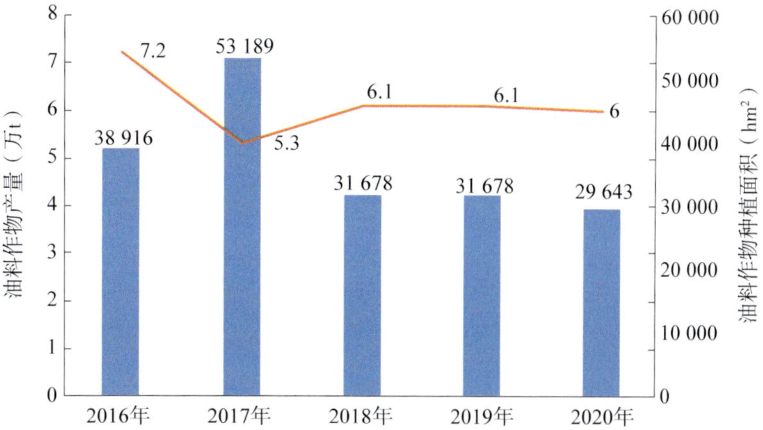

图 2-4　衢州市 2016—2020 年油料作物种植面积与产量

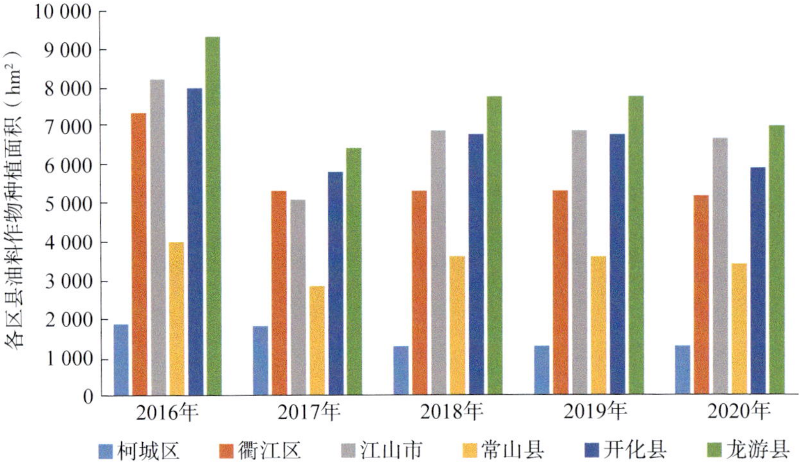

图 2-5　衢州市 2016—2020 年油料作物种植面积县域分布

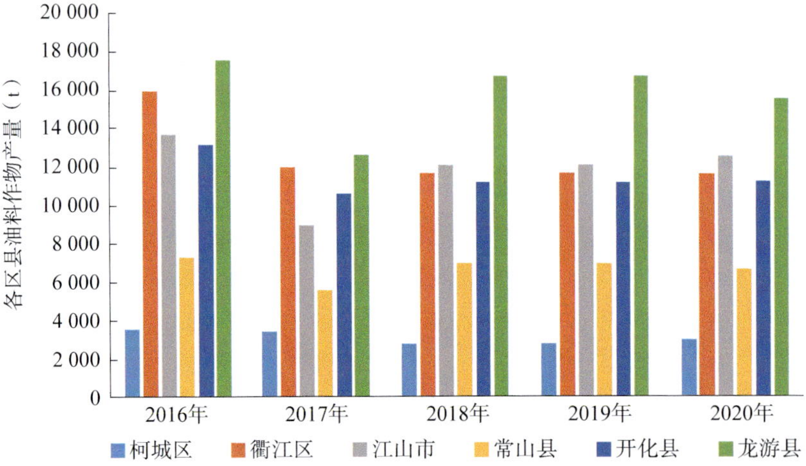

图 2-6　衢州市 2016—2020 年油料作物产量县域分布

2.1.1.3　粮油作物主要栽培种类种植情况

衢州市粮食作物以水稻为主，油料作物以油菜为主。

（1）水稻种植

主要品种：主要品种有甬籼 15、中早 39、中嘉早 17、中组 143 以及甬优系列和浙优系列等。

种植模式：主要采用早稻 + 连作晚稻、单季稻 + 油菜、早稻 + 鲜食秋大

豆 + 油菜等模式。

投入产出：早稻种植亩成本 1 200 元，亩收入 1 653.5 元，亩收益 453.5 元。连作晚稻亩成本 1 350 元，亩收入 1 520 元，亩收益 170 元。单季晚稻亩成本 1 690 元，亩收入 1 790 元，亩收益 100 元。详见表 2-1。

表 2-1　衢州市 2020 年水稻种植投入产出核算

种植模式	投入成本（元 / 亩）								亩收入				
	机械	肥料	病虫害防治	种子	人工	烘干	地租	小计	产量（kg/ 亩）	单价（元 / kg）	粮食收入（元 / 亩）	种粮补贴（元 / 亩）	小计（元 / 亩）
早稻	200	200	120	50	230	100	300	1 200	425	3.06	1 453.5	200	1 653.5
连作晚稻	300	200	150	150	150	100	300	1 350	500	2.70	1 350	170	1 520
单季晚稻	200	230	180	150	230	100	600	1 690	600	2.70	1 620	170	1 790

（2）油菜种植

主要品种：浙大 619、浙大 622、浙大 630、浙油 50、浙油 51、越优 1203、沣优 737、浙油杂 1403 等。

种植模式：主要有单季稻 + 油菜、高粱 + 油菜、早稻 + 油菜、早稻 + 秋大豆 + 油菜。

投入产出：亩成本 780 元（投入成本详情见图 2-7），按平均产量 150 kg/ 亩

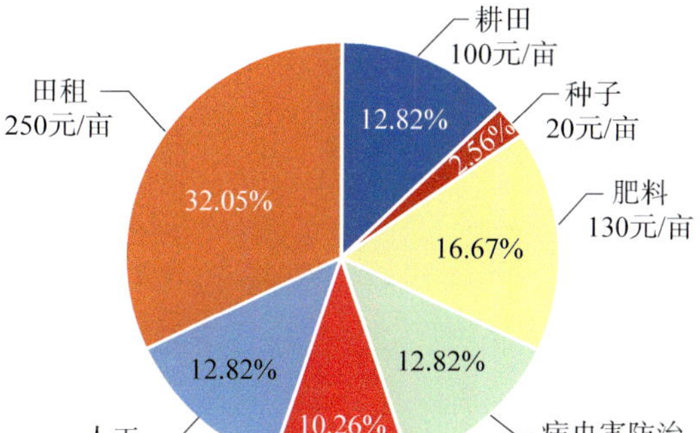

图 2-7　衢州市油菜种植投入成本占比

计算，订单价格为1.65元/kg，亩收入为990元，亩收益为210元。2020年开始市财政每亩补贴120元，加上地方财政配套每亩补贴80元以上，亩收益增加到410元，农民种植油菜的积极性有所提高。

2.1.2 粮油产业现状

2.1.2.1 市场主体

2020年衢州市共有粮食专业合作社1 386家、农机专业合作社265家、植保专业合作社493家。规模种粮主体1 106家、流转面积31.65万亩、规模种植水稻面积44.74万亩，规模化种植比例47.66%。从图2-8中看出，不同县（市、区）规模种植主体从多到少排序为：龙游（337家）>衢江（324家）>江山（232家）>常山（122家）>开化（69家）>柯城（22家），不同县（市、区）耕地流转面积从多到少排序为：龙游（9.84万亩）>衢江（8.39万亩）>江山（7.09万亩）>常山（3.34万亩）>开化（1.13万亩）>柯城（1.86万亩）。

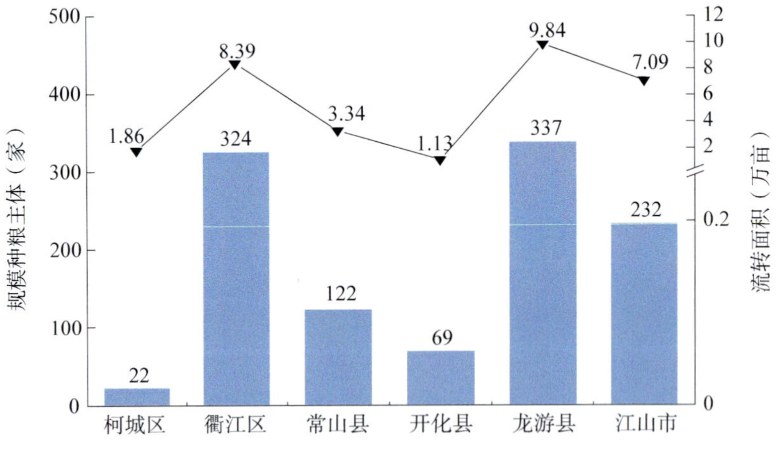

图2-8 衢州市各县（市、区）2020年规模种粮主体和流转农田面积

2.1.2.2 加工销售

目前衢州市种粮大户中开展粮食加工营销的实体企业有35家，包括粮食

加工厂 29 家，代加工 6 家；其中取得食品加工许可证的新型经营主体有 5 家。用于自行加工的水稻种植面积 3.77 万亩，年加工稻谷 5.38 万 t，年增加效益 2 262 万元。

2.1.3 存在主要问题

一是粮油作物种植收益普遍较低。衢州市粮油种植规模化程度低，粮油作物种植难以成为普通家庭的主要经济来源，农民种植意愿不高。此外，当地粮油相关企业规模逐步扩大，但粮油产品精深加工能力有待提高，对普通农户的示范带动效应不强。

二是粮油种植全程机械化水平有待进一步提高。衢州市境内丘陵山地面积达 7 560 km^2，占土地总面积的 85.4%，受地形地貌影响，衢州市粮油种植规模难以扩大、机械化水平难以提高。2020 年水稻耕种收机械化率为 83.34%，尚有较大提升潜力。

2.2 水果产业

2.2.1 水果种植情况

2.2.1.1 水果种植概况

衢州市水果主要包含柑橘和小水果，除柑橘以外的其他水果统称为小水果，主要种类有：枇杷、杨梅、葡萄、火龙果、猕猴桃、蓝莓、桃、梨、柿等。近 5 年衢州市水果种植面积稳定在 28 500 hm^2 以上，各类水果总产量约 77.2 万 t（图 2-9）。从种植面积分布情况看，水果种植区主要分布在柯城区、衢江区和常山县，约占水果种植面积的 70%（图 2-10）。各类水果中以柑橘种植面积最大，占比在 76.0%～79.2% 波动；近 5 年柑橘种植面积呈逐年降低的趋势，2020 年柑橘种植面积为 21 673 hm^2（图 2-11）。

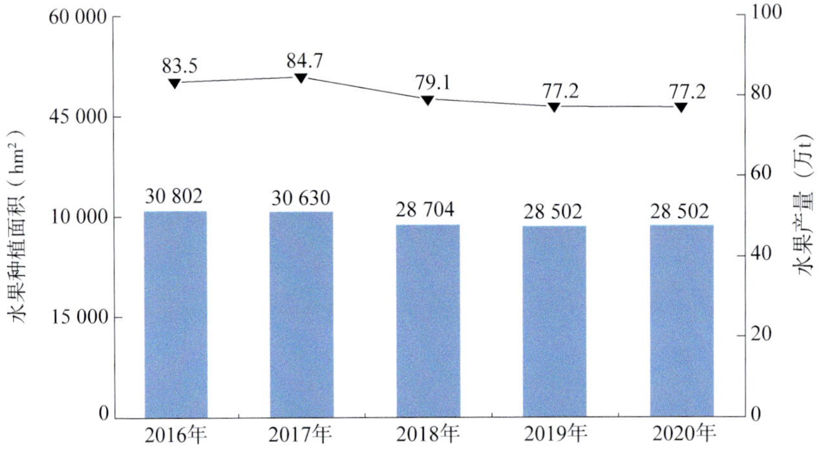

图 2-9　衢州市 2016—2020 年水果种植面积及产量情况

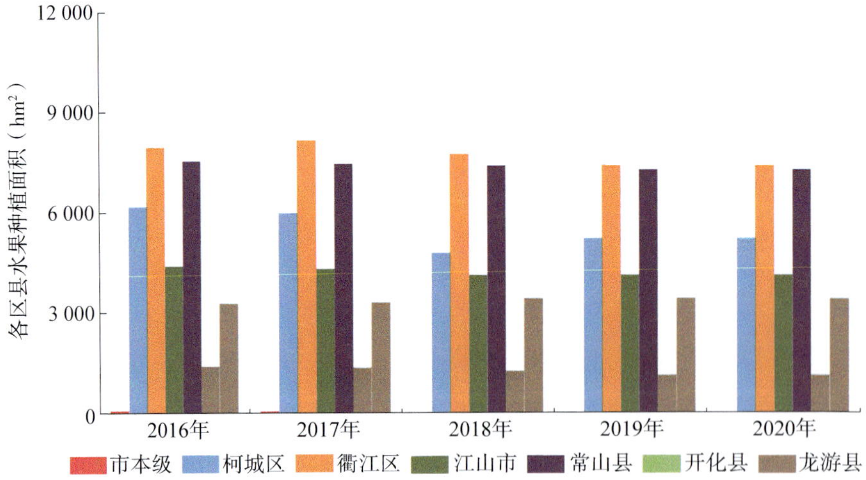

图 2-10　衢州市 2016—2020 年水果种植面积县域分布

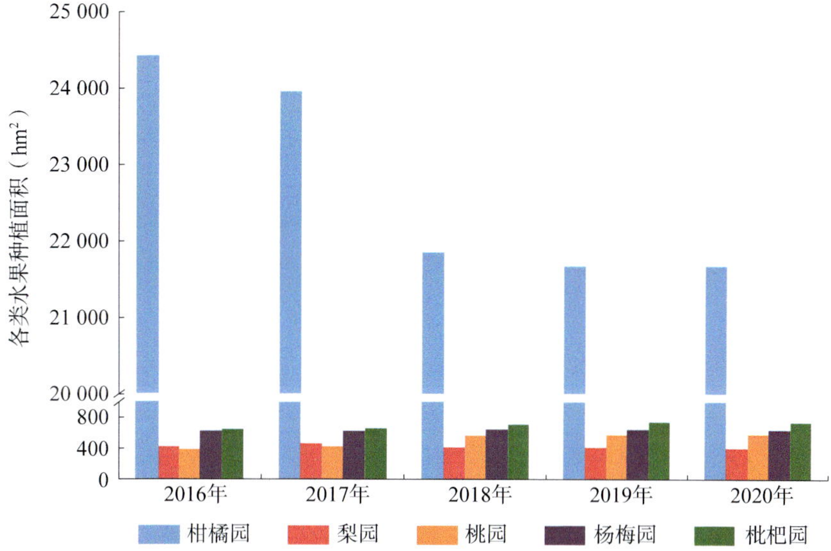

图 2-11　衢州市 2016—2020 年各类水果种植面积情况

2.2.1.2　主要栽培种类

衢州市水果种植以柑橘为主，主要种植栽培类型为椪柑、胡柚、蜜橘、红美人和鸡尾葡萄柚（表 2-2）。衢州市柑橘类水果产量最高的是椪柑和胡柚，年产量分别为 20.20 万 t、16.58 万 t，但这两类水果的种植面积较大、亩收益较低，农户的种植意愿逐步降低。红美人、鸡尾葡萄柚品种亩收益是传统柑橘种类的 2～3 倍，农户种植意愿高，但存在一定的种植门槛。

表 2-2　衢州市柑橘类水果主要栽培类型

品种	单株产量（kg）	衢州市产量（万 t）	价格（元 /kg）	产值（亿元）	收益（元 / 亩）
椪柑	75～100	20.20	1.5～2.0	4.04	5 000
胡柚	100～125	16.58	1.0～2.0	6.00	5 500
蜜橘	50～75	2.60	1.0～2.0	0.40	4 000
红美人	50～75	0.16	20～30	0.27	20 000
鸡尾葡萄柚	75～100	0.24	10～20	0.30	15 000

2.2.2 水果产业现状

2.2.2.1 市场主体

衢州市水果产业中柑橘类种植面积占比在70%以上，产值为6.35亿元，占水果产业总产值的50%以上。衢州市共有从事柑橘相关产业的家庭农场453家、专业合作社95家、龙头企业12家；拥有3家国家级柑橘专业合作社，分别是衢州市柯城区柴家柑橘专业合作社、龙游金秋红柑橘专业合作社、常山县利卿果业专业合作社；拥有2家国家级柑橘龙头企业，分别是浙江天子股份有限公司、浙江艾佳果蔬开发有限责任公司。另外，衢州市从事猕猴桃相关产业的企业175家，其中市级农业龙头企业2家；猕猴桃专业合作社26家，其中国家级猕猴桃专业合作社1家，市级规范化猕猴桃合作社8家，市级示范性家庭农场7家。

2.2.2.2 加工销售

衢州市水果加工主要以柑橘类为主，其中主要精深加工品种为香橙（木头系，日本香柚），产品为胡柚香橙汁，年产量2 000 t；主要销售渠道为网络+零售店，主要面向江浙沪地区。衢州猕猴桃加工比较少，目前仅浙江红盖头农业科技有限公司涉及加工猕猴桃汁等饮品业务。

2.2.3 存在主要问题

一是品种结构老化，新品种推广不畅，产品结构低端化普遍存在。近年来，衢州市大力推广水果新品种，如为果农免费提供新品果苗、提供技术支持、实施奖励政策，但产品结构低端化仍然没有根本性改变。以柑橘为例，新品种推广不畅的主要原因：一是引进培育的新品种畏寒，需要在大棚内种植，建设大棚需要投入大量资金；二是中青年农民基本上进城打工，缺乏种植新品种所需的体力和技术；三是新品种一般种植2～3年后挂果，投资回报周期较长，降低了对农民种植新品种的吸引力。

二是规模经营不畅，种植主体散户化依然普遍存在。近年，衢州市不断加大新型主体培育力度，但种植主体散户化依然普遍存在。以柑橘产业为例，在衢州市柑橘种植面积中，规模经营只占 20% 左右，大多数农户种植面积只有 1～3 亩。水果产业规模经营不畅的主要原因：一是市场主体引进难，农业投资的特点是周期长、回报慢，实力雄厚、拥有长久投资心态的投资者不多；二是农民对土地流转存在顾虑，为适应规模经营要求，流转后的土地需要连片整治，农民担心多年后原地块无法辨识，好的承包地流转出去，收回来的可能是差的地块。

三是水果产业价值链拓展不畅，农村一二三产业断链化依然普遍存在。衢州着力延伸水果产业链，提升水果价值链，促进了一二三产业融合发展，但仍存在柑橘深加工与柑橘种植的融合度不够，农旅融合发展的效果不佳，龙头企业与农户之间的产业链条尚未有效形成等问题。水果产业价值链拓展不畅的主要原因：一是一二三产业融合发展的产业链条大多封闭在龙头企业内部，对农户的带动作用不够；二是柑橘产业本身的带动功能有局限，一年当中能够吸引消费者休闲观光的时间很短，农旅融合发展的经济效益差。

四是产业利益链构建不畅，农民与龙头企业利益分离化依然普遍存在。当前衢州农业龙头企业与农户的利益联系主要体现为土地流转租金，龙头企业与村集体、农户之间缺少资本纽带，导致龙头企业与村集体、农民的利益脱钩。一方面，农户只关心土地流转租金，不关心企业和产业发展，成为农村产业振兴的局外人；另一方面，企业和产业发展不能带动村集体和农户增收，难以实现共享发展。

2.3　蔬菜和食用菌产业

2.3.1　蔬菜种植情况

2.3.1.1　蔬菜和食用菌种植概况

蔬菜包括菜用瓜计算在内。2016—2020 年衢州市蔬菜种植面积在 58.4 万亩以上，蔬菜产量在 108 万 t 以上（图 2-12），单位面积产量呈逐年提高趋势，说明衢州市蔬菜种植技术水平稳步提升。从蔬菜种植面积分布情况来看，蔬菜种植区主要分布在衢江区、江山市和开化县，种植面积占衢州市蔬菜总种植面积的 60% 以上，产量占比在 65% 以上（图 2–13，图 2–14）。

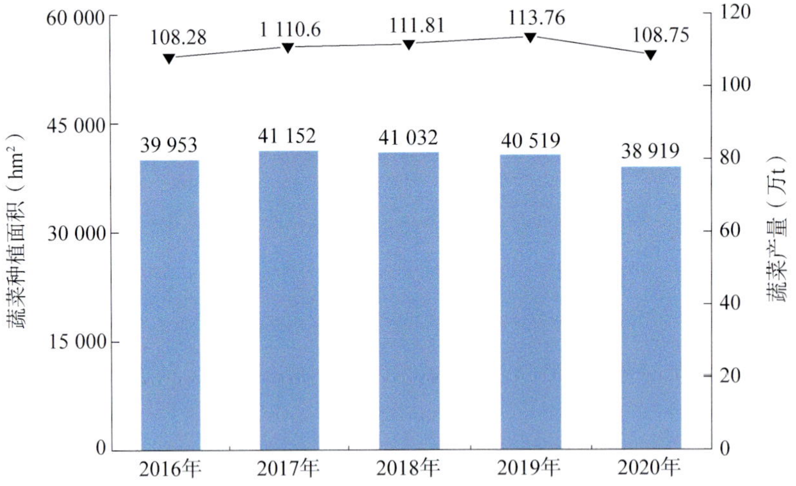

图 2–12　衢州市 2016—2020 年蔬菜种植面积及产量情况

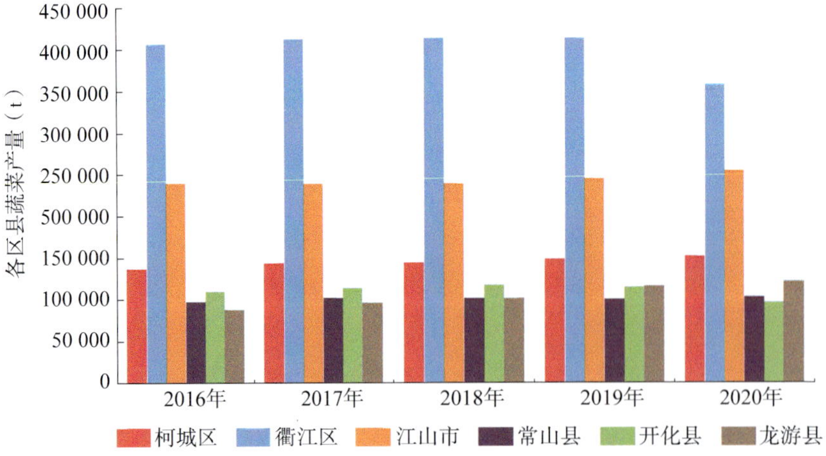

图 2–13　衢州市 2016—2020 年蔬菜种植面积县域分布情况

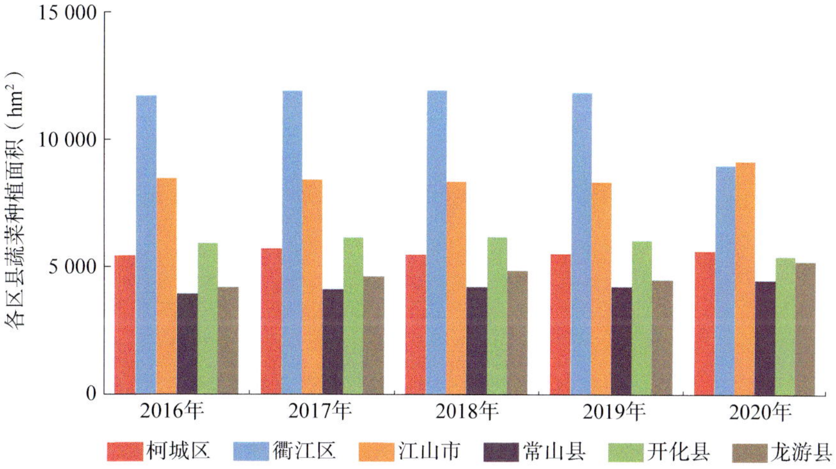

图 2-14　衢州市 2016—2020 年蔬菜产量县域分布情况

衢州市 2020 年食用菌总产值 60 309 万元，产量 6.69 万 t，较上年下降 28.1%。整体呈逐年下降趋势，近 3 年下降比例明显增强，主要分布在江山市与开化县。如图 2-15 和图 2-16 所示。

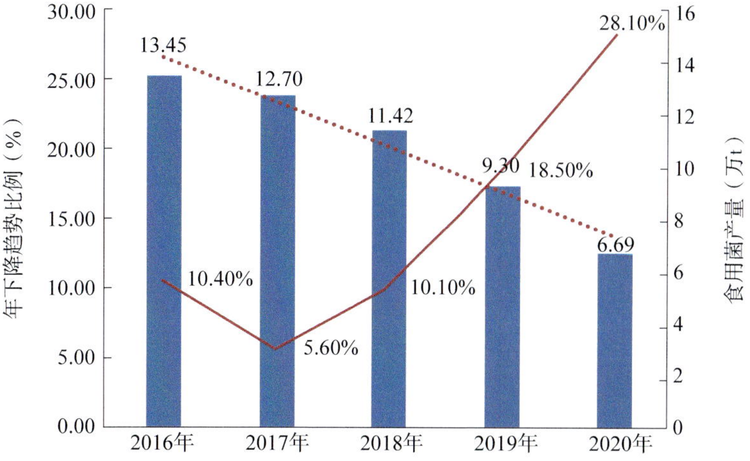

图 2-15　衢州市 2016—2020 年食用菌产量情况及趋势

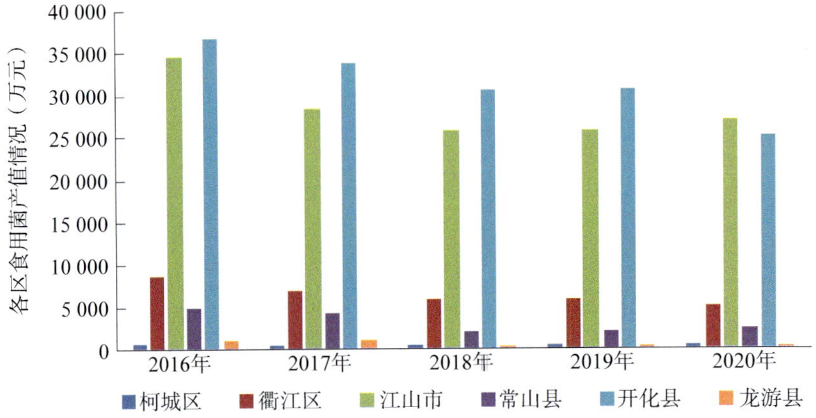

图 2-16 衢州市各县（市、区）2016—2020 年食用菌产值情况

2.3.1.2 蔬菜和食用菌主要栽培种类

衢州市蔬菜主要栽培类型分为设施栽培蔬菜和露地栽培蔬菜两类。设施栽培蔬菜中，辣椒的种植面积最大，年产量为 15 634 t，亩产值较高、亩收益高，农户种植意愿高；番茄的亩产值最高，亩均利润也最高，达到了 8 436 元，种植意愿稳定；茭白的种植意愿略有扩大。露地栽培蔬菜主要以青菜和辣椒为主，其中青菜和白萝卜的总产量最高，分别为 80 195 t 和 65 060 t；青菜和莲藕的亩均利润较高；莲藕与鲜食毛豆的种植意愿略有扩大。食用菌主要栽培品种为金针菇浙金 102、秀珍菇杭秀 2 号、猴头菇浙林猴 2 号、六妹羊肚菌和竹荪 D89。

2.3.2 蔬菜和食用菌产业化现状

2.3.2.1 市场主体

衢州市共有从事蔬菜生产的专业合作社 493 个、家庭农场 955 家。其中市级蔬菜专业合作社有 3 家，分别是江山市秀地果蔬专业合作社、常山县金色田野小西瓜专业合作社和常山县家兴蔬菜专业合作社；市级家庭农场有 8 家，主要分布在江山市（3 家）、常山县（2 家）和开化县（3 家）。

衢州市共有从事食用菌生产且产能在 5 万袋以上的种植大户 439 个，省市级龙头企业 12 家，其中省级农业龙头企业有 1 家，市级农业龙头企业有 11 家；国家省市级专业合作社有 6 家，其中国家级规范化合作社有 3 家，省级规范化合作社有 2 家，市级专业合作社有 1 家；省市级示范性家庭农场 9 家，其中市级示范性家庭农场有 4 家。

2.3.2.2　加工销售

衢州市 2020 年蔬菜产业链总产值 25 亿元。表 2–3 为衢州市蔬菜生产及加工代表性企业名单。

表 2–3　衢州市蔬菜生产及加工代表性企业名单

分类	县域	企业名称
蔬菜电商	柯城区	柯城旱田农业科技有限公司
		柯城云中蔬菜专业合作社
		柯城龙印配送有限公司
	常山县	常山县谷舞仁生农业开发有限公司
	开化县	开化捷风优选电子商务有限公司
	江山市	浙江驰骋控股集团
	龙游县	浙江龙游锄禾农业科技有限公司
蔬菜龙头企业	江山市	江山曙光生态农业科技有限公司
蔬菜加工骨干企业	江山市	浙江星菜农业科技有限公司
	开化县	开化县三丫丫绿色食品有限公司
蔬菜出口骨干企业	江山市	浙江星菜农业科技有限公司

衢州市食用菌鲜销 10.5 万 t，占总产量的 80.2%；烘干制品 2.4 万 t，占总产量的 18.3%；加工品 0.19 万 t，占总产量的 1.5%。全市食用菌中竹荪、灵芝全部需干燥销售，香菇、黑木耳 85% 以上需干燥销售，金针菇、秀珍菇等其他食用菌 95% 以上以鲜销为主，鲜销市场主要以福建、江西、安徽等省份及浙江宁波、杭州、温州、义乌和江西的上饶等城市为主，销售半径一般在 300 km 以内。

目前，衢州市食用菌加工企业年加工量 1 830 t，加工产值 2 900 多万元。

主要加工企业中，浙江江山甬江食品有限公司以加工金针菇、香菇、秀珍菇、杏鲍菇为主，年加工量 1 500 t，加工产值 1 200 多万元，产品主要有清水菇罐头、即食食用菌、调味品等；浙江经纬药业有限公司生产猴头复方胶囊、猴头菇软罐头等；常山县豪锋生物科技有限公司生产猴头菇索面、猴头菇饼干、灵芝破壁孢子粉等加工产品，猴头菇多糖提取生产线正在建设中。

2.3.3 存在主要问题

一是蔬菜设施化程度不高，易受天气影响。衢州蔬菜种植总面积呈上升趋势，产量也实现了稳步增长，但总体以露地栽培为主，设施蔬菜面积占比较低；据统计，2020 年衢州市规模化生产基地设施蔬菜种植面积仅占露地蔬菜种植面积的 1/4。衢州市雨水充足，台风频繁发生，露地蔬菜极易受到天气影响，夏季高温容易引起蔬菜特别是叶菜类失水萎蔫。总体来说，露地栽培蔬菜的产量和品质都不能得到有效保证。

二是规模化蔬菜生产基地“用工难”问题突出。目前，农业生产人员逐渐老龄化，且技术水平不高，工作效率偏低。受新冠肺炎疫情影响，往年来衢州市的务工人员大多留在本地或被分流到其他地区，且蔬菜种植面积逐年增加，蔬菜基地用工难问题日益突出。

三是供需市场关系认识不足，加大蔬菜滞销风险。蔬菜生长周期短、见效快，已成为衢州市种植户增收的主要来源，但大多菜农在种植蔬菜之前，不做市场调查和预测，跟风种植现象严重，品种种植不平衡，等到了上市季，才发现精心种植的蔬菜并无销路。

四是产业发展不平衡，产品附加值低，与其他产业融合不足。衢州市蔬菜产品附加值低，与其他产业互动融合不足，难以形成完整的再加工产业链，因此蔬菜整体产业的高附加值难以形成。食用菌生产规模大的地区已基本形成产业群，但食用菌产业发展未成型的地区还是基本采用分散型的经营方式，如何选择适宜的种植品种、合理栽培、增加收益、促进地区特色品牌产品打造是未来食用菌产业发展需要解决的问题。

2.4　中药材产业

2.4.1　中药材种植情况

2.4.1.1　中药材种植概况

衢州市中药材种植面积和产量呈持续增长趋势（图 2-17）。2020 年衢州市中药材种植面积为 3 630 hm^2，中药材产量为 22 104 t。从中药材种植面积和产量的县域分布来看（图 2-18，图 2-19），衢州市中药材种植以衢江区为主，其种植面积和中药材产量分别占衢州市种植面积和产量的 42.12% 和 41.47%。衢江区主要种植中药材为三叶青、白及、黄精、白花蛇舌草、铁皮石斛、覆盆子、半夏等，种植基地主要分布在大洲、湖南、举村、上方、后溪、周家、灰坪、高家、全旺、黄坛口等乡镇。

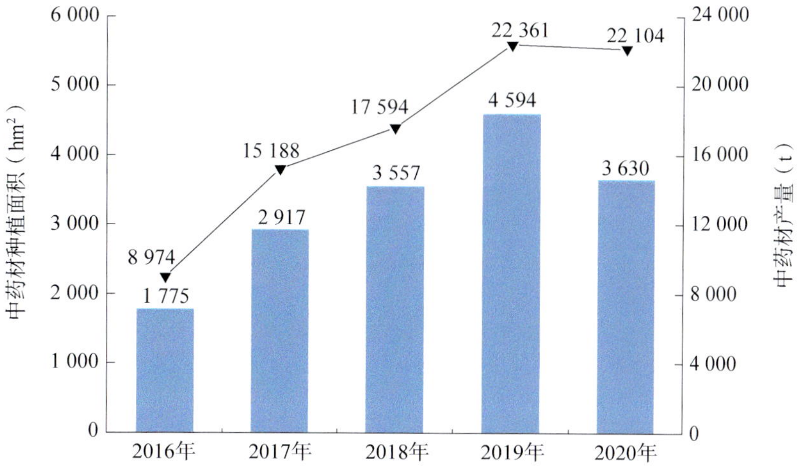

图 2-17　衢州市 2016—2020 年中药材种植面积及产量情况

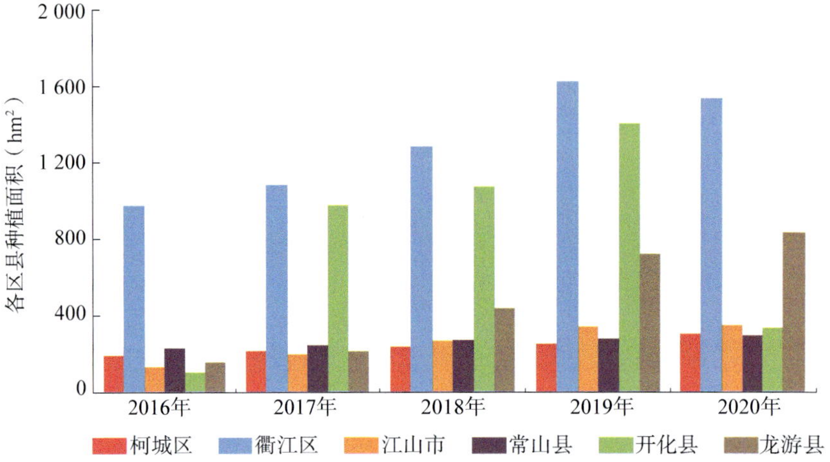

图 2-18 衢州市 2016—2020 年中药材种植面积县域分布情况

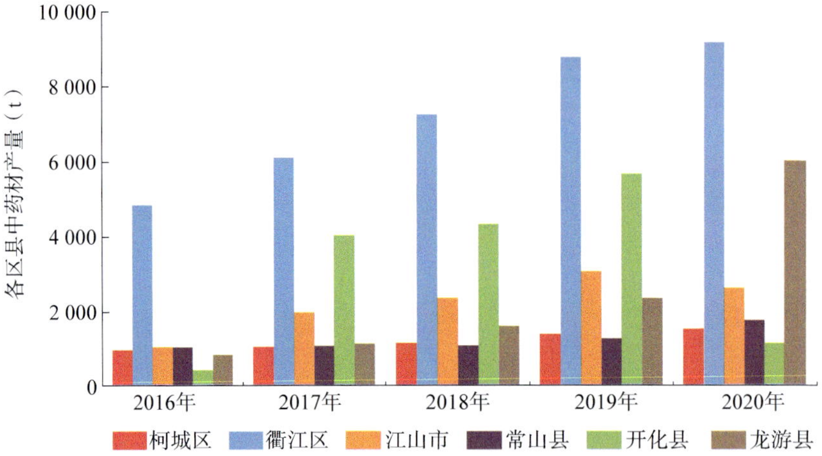

图 2-19 衢州市 2016—2020 年中药材产量县域分布情况

2.4.1.2 中药材主要栽培种类

衢州市中药材主要栽培种类有衢陈皮、白及、黄精、白花蛇舌草、覆盆子、衢枳壳、铁皮石斛、三叶青、山药等，各种类中药材的栽培品种及种植面积情况见表 2-4。

表 2-4　衢州市中药材主要栽培种类

药材类型	主要品种	种植情况
衢陈皮	椪柑、衢橘	椪柑面积约为 6.5 万亩，陈皮平均年产出约 5 000 余吨，亩产衢陈皮 100 kg 左右
白及	紫花三叉白及	白及栽培面积约为 2 300 亩，一般 3 年采收 1 次，亩产干货 375～500 kg
黄精	多花黄精	黄精栽培面积约为 1 万亩，一般 3 年采收 1 次，亩产干品 400～500 kg
白花蛇舌草	本地野生种	白花蛇舌草栽培面积约为 2 200 亩，亩产干品 300～350 kg
覆盆子	华东覆盆子	覆盆子栽培面积约为 1 万亩，亩产青果干品 80～100 kg
衢枳壳	常山胡柚	胡柚栽培面积约为 10.5 万亩，亩产干品 600 kg 左右
铁皮石斛	铁皮石斛	铁皮石斛栽培面积约为 2 000 亩，一般第 3 年达到丰产期，亩产 300 kg 左右
三叶青	野生品种	三叶青栽培面积约为 4 000 亩，一般 3 年采收 1 次，亩产干品 100 kg 左右
山药	温山药、紫玉淮山药及早熟紫山药	山药栽培面积约为 6 000 亩，亩产干品 600～800 kg

2.4.2　中药材产业现状

2.4.2.1　市场主体

中药材产业链总产值约 15 亿元，其中一产产值 7.11 亿元，形成 80 余家专业合作社、公司等生产企业，4 家中药饮片企业，20 余家中药材初加工企业。主要分布于柯城的九华、华墅；衢江的东港开发区、高家、小湖南、灰坪；龙游的社阳、横山、溪口；江山的贺村、上余、峡口；常山的青石、同弓；开化的杨林、马金、中村等地。

2.4.2.2　加工销售

衢州市目前有 4 家中药饮片企业，衢州南孔中药有限公司、浙江广胜药业有限公司、常山天道中药饮片有限公司、江山市万里中药材有限公司。2020 年 4 家中药饮片企业税前销售额总计 4.4 亿元，其中衢州南孔中药有限公司以税前销售 3.1 亿元居全省前四位，但其本地药源使用仅 1 000 多万元；常山天道中药饮片有限公司税前销售额 0.61 亿元，本地药源使用超过 1 000 万元；浙江广胜药业有限公司与江山市万里中药材有限公司基本采用本地药源，但体量不大。此外，全市还有 20 余家从事中药材初加工的主体，主要涉及衢枳壳、蝉衣、陈皮、黄精、白及、铁皮石斛、灵芝孢子粉、菊花、白花蛇舌草等本地药材，大多以农产品的形式进行销售，虽量大但售价偏低，市场竞争力不强。

2.4.3 存在主要问题

一是中药材种植技术不足，采收标准不统一。衢州市从事中药材种植的药农所掌握的知识不能完全适应现代中药材生产发展的需要，缺乏专门的技术指导机构和技术服务团队进行生产指导，中药材的种植技术还有待提升。中药材的正确采收是保证中药材价格的一个重要环节。中药材采收缺乏标准和规范，一些种植户采收方式粗放、不规范，没有经过正规的采收培训而仅凭经验，往往会造成中药材的药效和价格降低，也会引起用药安全问题，影响区域中药材种植户的经济收入。

二是规模化程度不高，种植存在盲目性。衢州市中药材种植业整体产业化水平较低，部分中药材仍处于野生采收状态，容易造成野生资源枯竭。大部分通过人工栽培的中药材，其生产仍然停留在小农经济状态，药材种植者多数为个体或者分散经营，规模化程度不高，同时存在对市场和药材本身了解不深，盲目种植中药材的现象，导致收益与预期落差大。

三是药材质量不稳定。中药材的种植与粮食和果蔬的种植有所不同，种子和幼苗的质量决定了药材最终的品质。农民在中药材种植时往往缺少种植的相关知识，以种植果蔬的经验来种植中药材，通常达不到预期的效果。同时，一些农民为了使利润最大化，在幼苗的生长过程中盲目地加入大量化学肥料，化学肥料的积累导致药材品质下降，检验不合格，无法流通进入市场。倘若通过不合法的渠道进入市场，也会对使用者的健康带来严重的隐患，并且导致消费者对其种植地区中药材的不信任。这种恶性循环将严重阻碍衢州中药材的健康发展。

四是药材产业缺乏精深加工。衢州市主产药材如三叶青、白及、黄精、白花蛇舌草、铁皮石斛、覆盆子、半夏等，以原料或者简单初加工药材产品销售到市外市场为主，道地中药材订单化栽培率低，经济效益低。目前本地虽有几家中医药企业，但中药饮片加工规模小，以本地中药材为原料进行生产的企业更少。中药材流通体系不发达，农户分散仓储不规范，专业合作社、种植企业、经销大户、产地市场的仓储设备设施落后，影响药材品质，经济效益大打折扣。

2.5　畜禽养殖业

衢州畜禽养殖主要以畜牧养殖和家禽养殖为主，牲畜养殖以生猪为主，牛和羊养殖量较少；家禽养殖以鸡鸭为主，是衢州市畜禽产业中的第二大支柱产业。

2.5.1　畜禽养殖业概况

2.5.1.1　生猪

受养殖污染整治和非洲猪瘟全面暴发的影响，2016—2020 年衢州市生猪出栏数量呈逐年递减的趋势，由 2016 年的 243.07 万头降至 2020 年的 90.45 万头（图 2-20）。为保障生猪养殖供应的重大需求，衢州市全面落实“项目决策咨询、养殖用地保障、财政金融扶持”等政策，保证生猪供给，衢州市生猪存栏量由 2019 年的 51.21 万头恢复至 2020 年的 92.73 万头，同比增长 81.07%，其中能繁母猪存栏 8.61 万头，同比增长 67.13%，衢州市猪肉自给率持续位居全省第一。

衢州市生猪养殖以龙游县、江山市和衢江区为主，其中龙游县是全国生猪调出大县。2016—2020 年生猪出栏 / 存栏具体县域分布情况见图 2-21 和图 2-22，龙游县、江山市和衢江区的生猪养殖总量占衢州市总量的 84.85% 以上。以龙游县为例，2016—2020 年生猪出栏量由 81.82 万头降至 46.14 万头，但生猪出栏量在衢州市生猪总出栏量占比逐渐提升，2020 年龙游县生猪出栏在衢州市占比为51.01%。衢州市生猪十大养殖乡镇为：龙游县（小南海镇、湖镇镇、模环乡、詹家镇、塔石镇、横山镇）、江山市（大桥镇、贺村镇、峡口镇）、衢江区莲花镇。

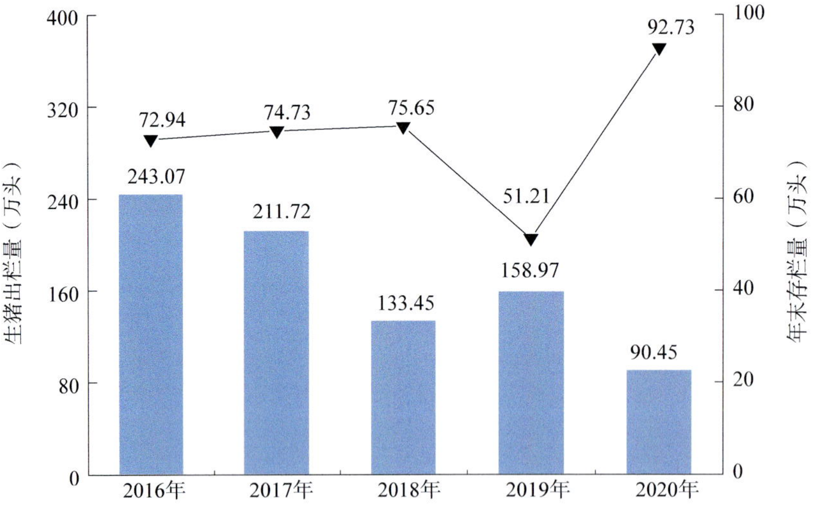

图 2-20　衢州市 2016—2020 年生猪出栏量和存栏量

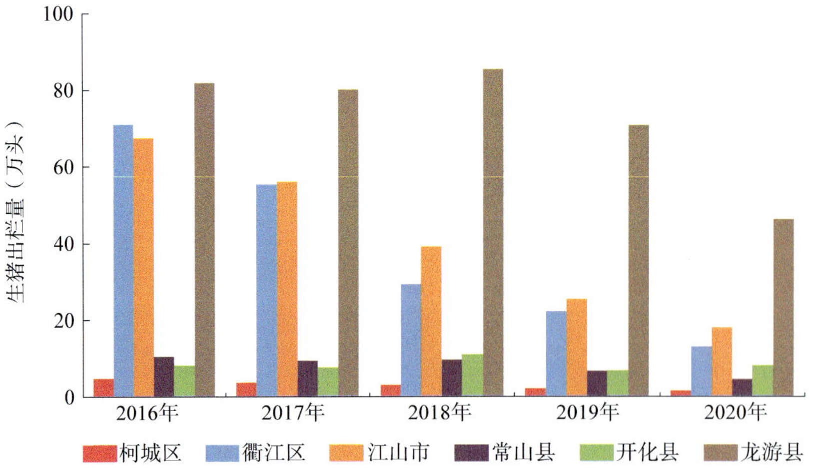

图 2-21　衢州市 2016—2020 年县域生猪出栏量情况

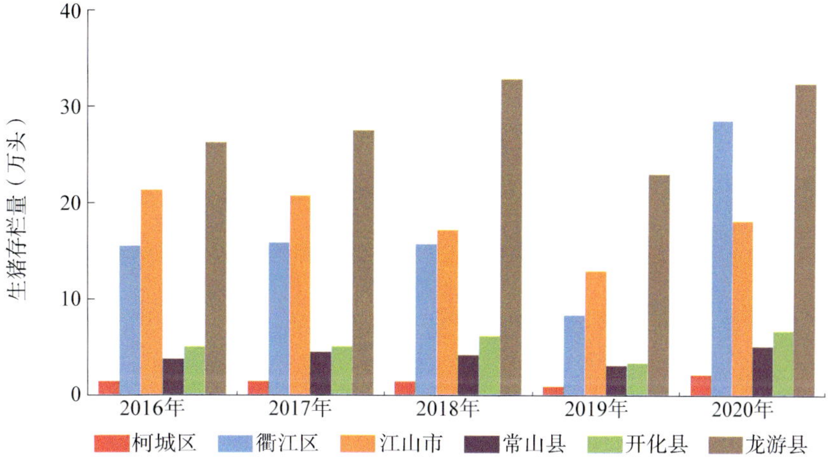

图 2-22　衢州市 2016—2020 年县域生猪存栏情况

2.5.1.2　家禽

家禽产业（主要是鸡和鸭）作为衢州市畜禽产业中的第二大支柱产业，近年来不断优化养殖场规模结构，稳定发展。2016—2020 年衢州市家禽存栏出栏情况见图 2-23。2019 年和 2020 全年家禽饲养量分别为 5 014.23 万羽和 5 144.85 万羽，连续两年位列全省第一。

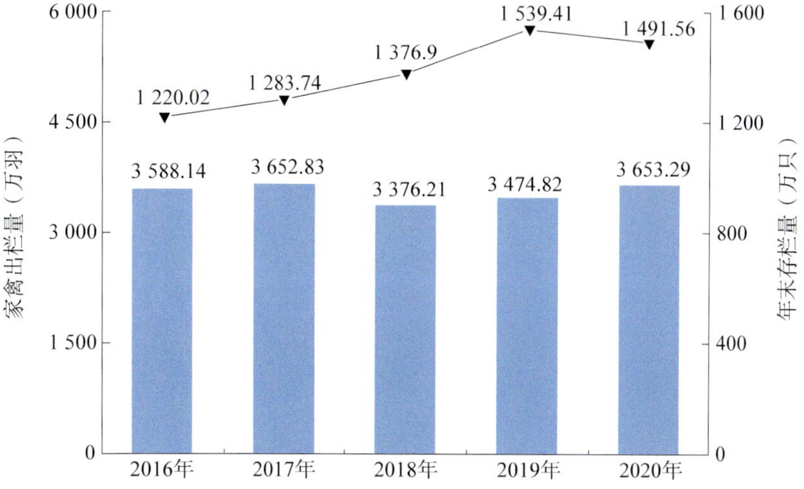

图 2-23　衢州市 2016—2020 年家禽出栏量和存栏量数量

衢州市家禽养殖以龙游县、江山市和衢江区为主，2016—2020年家禽出栏/存栏具体县域分布情况见图2-24和图2-25，龙游县、江山市和衢江区的家禽出栏量、存栏量分别占衢州市总量的83.3%、86.8%以上。以江山市为例，2016—2020年家禽存栏量由407.08万羽增加至577.69万羽，出栏量由1 240.01万羽增加至1 508.00万羽，江山市家禽存栏/出栏量在衢州市家禽总存栏/出栏量占比逐渐提升，2020年江山市家禽出栏量在衢州市占比为41.28%。家禽养殖十大乡镇分别为龙游县的横山镇、模环乡和湖镇镇，江山市的贺村镇、大桥镇、凤林镇、清湖镇和坛石镇，衢江区的莲花镇和常山县的白石镇。

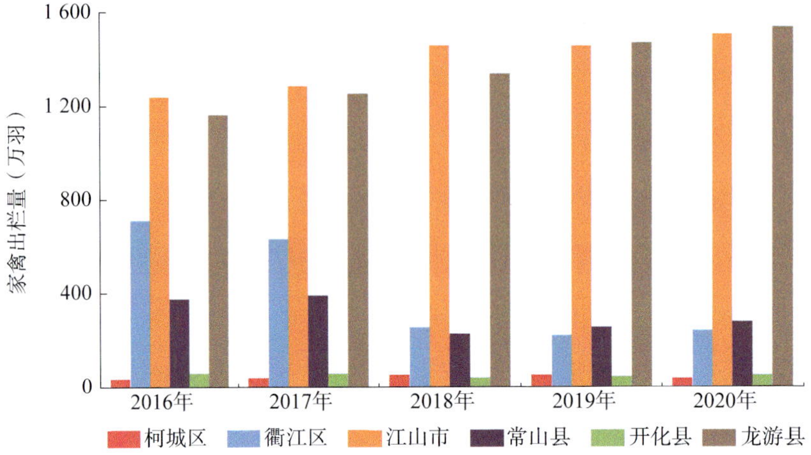

图2-24　衢州市2016—2020年县域家禽出栏量情况

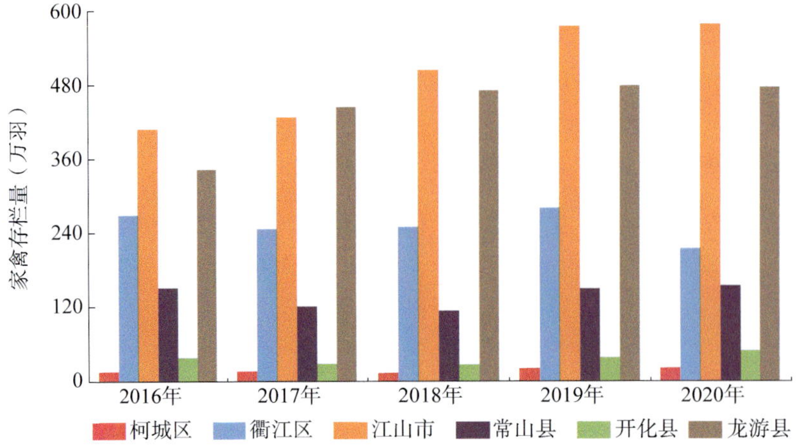

图2-25　衢州市2016—2020年县域家禽存栏量情况

2.5.2　畜禽养殖产业现状

2.5.2.1　市场主体

衢州市生猪产业拥有省级龙头企业 6 家，市级龙头企业 9 家，市级专业合作社 11 家，各类家庭农场 36 家。截至目前，共保留生猪规模养殖场 867 家，生猪存栏 50 头以上猪场有 749 个，其中生猪存栏 500 头以上猪场有 344 个，设计年出栏万头以上标准化规模养殖场 27 个，2020 年衢州市共建成投产万头以上标准化生猪养殖场 12 个，其中年出栏 10 万头以上市级标杆养殖场 5 个。

家禽行业有国家级龙头企业 1 家（柯城区的浙江不老神食品有限公司），有省级龙头企业 1 家（浙江康绿禽业有限公司），有市级龙头企业 6 家。另外家禽专业合作社 11 家，家庭农场 4 家，存栏或出栏 10 万羽以上规模的大户 30 余家。衢州家禽养殖业综合园区、精品园区的产业模式，多为农牧结合方式，比如常山县的板栗园地养鸡、胡柚园地养鸡，龙游县的龙游麻鸡林地养鸡等。

2.5.2.2　加工销售

2020 年衢州市畜牧业产值 49.28 亿元，占衢州市农业总产值 33.2%，占全省牧业产值 10.84%；其中生猪养殖业产值 34.43 亿元，占衢州市牧业产值 69.87%。2020 年衢州市肉类总产量为 141 098 t，其中禽肉 58 425 t，占比 41.41%；禽蛋 50 281 t，家禽养殖业产值 6.16 亿元，占衢州市牧业产值 12.50%。家禽生产稳定，有序发展，禽产品对于肉类等蛋白质消费起到越来越重要的补充作用。

衢州市有 5 家大型生猪屠宰企业，分别是衢州市民心食品有限公司、江山市食品有限公司城关生猪定点屠宰厂、龙游县宏泰食品有限公司、常山县泰仁食品有限公司、开化县食品有限责任公司，年屠宰能力分别为 20 万头、30 万头、15 万头、16.5 万头、10 万头。此外，龙游县龙珠畜牧专业合作社创办的“九号牧场”品牌生猪在浙江舟山大宗商品交易所挂牌上市交易，成为中国首家上市即期交易市场的生猪产品，并在杭州开设多家直营连锁专卖店。

2.5.3 存在主要问题

*一是产业链条不够健全，深加工能力欠缺。*虽然衢州市的家禽养殖量位于全省第一位，但家禽产品的深加工目前仍比较欠缺，仅有不老神和小神仙等为数不多的禽产品加工企业，远远不能满足全市禽产品深加工的需求，衢州市家禽产业链依然需要补齐深加工短板。衢州有饲料生产企业 27 家，生猪养殖场 862 家，生猪屠宰企业 5 家，但生猪产品加工企业缺少，产业链条存在短板，产业体系需要进一步完善。

*二是生产保供压力大，规模养殖比例有待提高。*目前，部分空栏生猪养殖场（户）复养的信心仍旧不足，新建场又因新冠肺炎疫情存在一定的工期推迟，生猪保供 174 万头出栏、79 万头存栏的任务比去年更重，压力更大。衢州市 438 个蛋鸡养殖户中，蛋鸡存栏 10 万羽以上的规模场有 4 个，存栏占总存栏的 66.05%，蛋鸡存栏 5 万～10 万羽的规模场 4 个，存栏占总存栏的 13.94%，规模养殖场占比较低，规模化程度相对较低，亟待转型提升。

*三是防疫体系存在不少短板，养殖环保压力大。*机构改革对畜牧兽医工作队伍影响较大，实验室检测能力、官方兽医监管能力、基层兽医服务能力都需要进一步加强。家禽生产虽然养殖污染相对较小，但随着养殖量的增加，粪便及臭气处理能力的提升需要一定资金投入，环保治理仍旧是必须达标的养殖前提。而当前衢州市部分家禽养殖场仍处于粗放的养殖状态，棚舍老旧，粪便及污水处理措施不够完善，臭气污染也比较明显。

2.6 水产养殖业

2.6.1 水产养殖情况

2.6.1.1 水产养殖概况

衢州市各县（市、区）渔业规模情况见表 2-5。2020 年，衢州市水产养殖面积 13.8 万亩（其中池塘 7.8 万亩，水库 5.1 万亩，其他 0.9 万亩）。渔业经济总产出约 28 亿元，其中，一产产值约 15 亿元，休闲渔业总产出超 5 亿元。

近 5 年衢州市水产产量逐年增加，从 2016 年的 6.61 万 t 稳步增加至 2020 年的 7.34 万 t（图 2-26）。

表 2-5　衢州市各县（市、区）渔业规模情况

县（市、区）	水产养殖面积（亩）	具体情况
柯城区	11 850	池塘 5 340 亩，水库 6 015 亩，其他 495 亩
衢江区	25 125	池塘 8 310 亩，水库 9 330 亩，其他 7 485 亩
龙游县	52 365	池塘 41 415 亩，水库 10 950 亩
江山市	27 045	池塘 17 595 亩，水库 9 450 亩
常山县	10 575	池塘 2 055 亩，水库 7 200 亩，其他 1 320 亩
开化县	7 260	池塘 3 045 亩，水库 4 035 亩，其他 180 亩

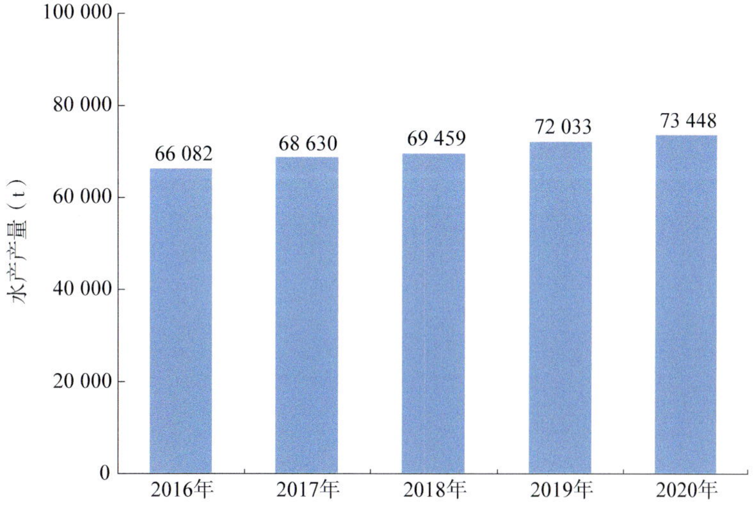

图 2-26　衢州市 2016—2020 年水产产量情况

2.6.1.2　水产养殖主要品种

从养殖品种看，衢州市水产主要养殖品种（按 2019 年产量次序）包括鲢鱼（11 854 t）、草鱼（11 322 t）、鲫鱼（9 669 t）、鳙鱼（7 356 t）、鳊鱼（5 218 t）、鲟鱼（4 193 t）、龟鳖（3 416 t）、青鱼（2 092 t）、鳜鱼（1 994 t）、虾蟹类（1 035 t）、泥鳅（985 t）、鲈鱼（726 t）、淡水贝类（543 t）等，另有特色品种螺旋藻（430 t）、观赏鱼 573 万尾。

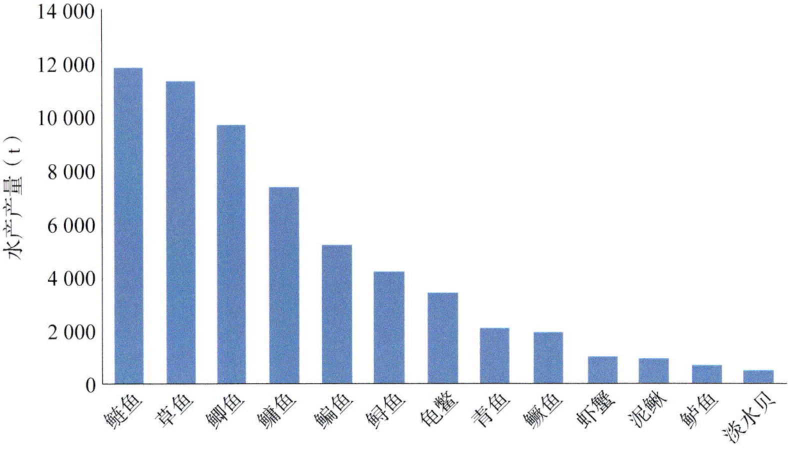

图 2-27　衢州市 2019 年主要水产养殖品种产量情况

2.6.2　水产养殖产业现状

2.6.2.1　市场主体

衢州市现有市级现代渔业园区 24 家（部分已创建园区受政策因素、市场影响关停），其中省级渔业园区 14 个，市级渔业园区 10 个。

衢州市共有县级以上渔业龙头企业 17 家，其中省级 3 家、市级 6 家、县级 8 家。当地渔业合作社发育不健全，虽有少量注册，但未有实际运作的主体。衢州市已注册涉渔家庭农场 770 多家，其中已创建省级示范性渔业家庭农场 10 家，市级示范性渔业家庭农场 15 家。衢州市共有渔业从业人员 3.58 万人，具有一定规模（30 亩以上）的养殖户、企业 700 多家，规模养殖面积 9 万余亩，另有休闲渔业经营主体 392 家。据估算，2019 年衢州市渔农民人均纯收入 3 万元，略高于当地农民人均收入水平。

2.6.2.2　加工销售

衢州市共有水产加工企业 9 家，年水产品加工总量约 2 000 t，主要是衢州鲟龙水产食品科技开发有限公司的鱼子酱和鱼肉制品，江山康普螺旋藻有限公司的螺旋藻片、螺旋藻粉等。目前，衢州市优质水产品主要销往杭州、上海等地，除外地客商直接来塘边收购外，衢州市成规模的鲜销模式有：开设配送中心、利用自身传统水产批发市场销售网络、大型商超销售网络（世纪联华、永辉、物美、三江购物等）以及线上平台销售网络（叮咚买菜、每日优鲜、菜无忧等）等销售终端组织进行销售。衢州市水产品出口贸易量 92 t，贸易额 2 000 多万美元，基本上都来自衢州鲟龙水产食品科技开发有限公司的鱼子酱和鱼肉制品出口。衢州市水产品电商销售规模约 3 000 万元，其中杭州 G20 峰会指定产品——衢江“山溪”甲鱼微商销售 200 万元，龙游兴隆锦鲤线上专业渠道销售 400 万元，柯城鲟鱼通过淘宝旗舰店和抖音等视频销售平台营收 1 000 万元。

2.6.3　存在主要问题

一是产业长期缺乏各级财政资金扶持。近年来市级以上补助资金呈逐年下降趋势。2020 年，中央资金安排衢州市渔业资源保护、机动捕捞渔船油价补助资金仅有 300 万元左右；市级财政切块资金安排衢州市渔业产业发展与行业管理的资金规模也仅有 200 万元左右；市财政“大三农”资金已基本明确暂停专项安排，各地县级财政安排的产业项目资金十分有限。

二是规模主体断层，生态价值难以兑现。目前，衢州市 30 亩以上的水产养殖大户，其年龄大多在 55～65 岁，文化程度基本为高中以下，生产经验虽然丰富，但其学习新技术、接受新事物的能力普遍较差，难以满足当前技术模式创新、应用和新型市场营销等工作的要求。此外，因为缺乏市场影响力和竞争力较强的区域品牌，衢州市大水面生态水产品只能依附其他品牌，成为其生产“飞地”，未能像千岛湖“淳”牌有机鱼一样兑现生态价值。

三是发展空间近乎饱和，还受到各种挤压。目前，衢州市适养水面 98% 以上已被开发，产业发展后续利用空间十分有限。随着城镇化、工业化的推进，一些优良的渔业水域将被占用，工农业生产废水排放加剧了渔业水域富营养化趋势，可养水面日益减少。同时，作为衢州市主养水面的水库、山塘也正面临着前所未有的水环境保护压力，各地政府都在加快水库、山塘水面养殖承包权的回收步伐，江山等地已经在规划实行水库、山塘禁止投饵养殖的政策，这类养殖水面即便不退出，也将面临养殖模式的重大转变。

2.7 蜂产业

2.7.1 蜂产业情况

2.7.1.1 蜂产业养殖概况

衢州市蜂产业养殖规模见图 2-28。2016—2020 年蜂产业存栏量整体呈降低趋势，2020 年蜂存栏 21.96 万箱，蜂蜜产量 1.17 万 t，蜂存栏箱数和蜂蜜产量分别比 2016 年减少 17.85%、50.61%。从衢州市各县域蜂产业养殖规模和蜂蜜产量情况来看（图 2-29），江山市蜜蜂养殖量在 15.0 万箱以上，已连续 29 年排名全国县（市、区）第一位。衢州市蜜蜂养殖以江山市和开化县为主，2020 年江山市蜜蜂养殖 15.31 万箱，占衢州市蜜蜂养殖量的 69.72%；开化县 4.62 万箱，占衢州市蜜蜂养殖总量的 21.04%；柯城区、衢江区养殖规模分别在 0.79 万箱、0.65 万箱左右。

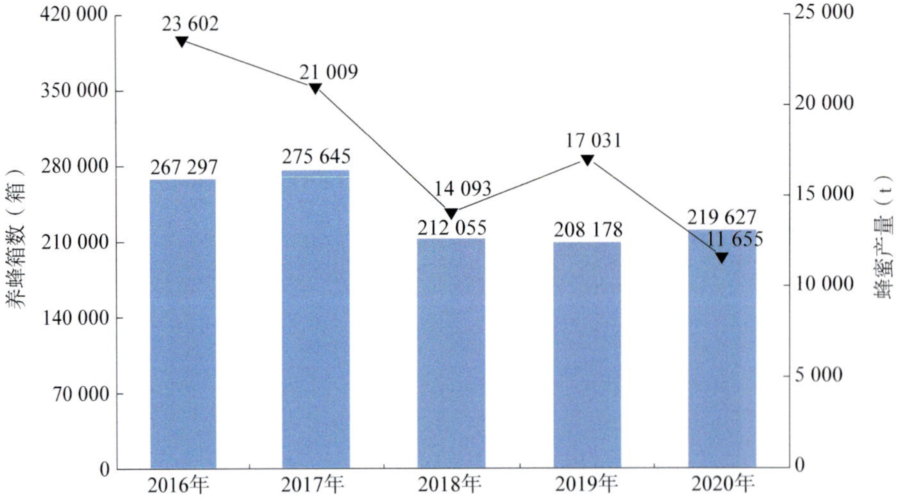

图 2-28　衢州市 2016—2020 年养蜂规模及产量情况

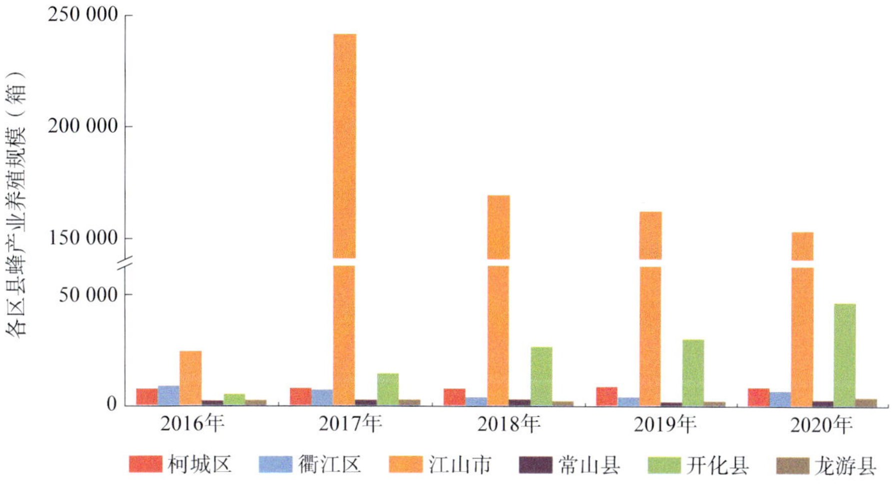

图 2-29　衢州市 2016—2020 年蜂蜜产量县域分布情况

2.7.1.2　蜂产业主要品种

衢州主要养殖中华蜜蜂（中蜂）和意大利蜜蜂（意蜂），蜂业总产值达 17 亿元。其中，“中国蜜蜂之乡”江山市以养殖意蜂为主，拥有两个国家级蜂产品标准化生产示范基地、两个“中国驰名商标”，养蜂规模与经济效益已连续 29 年位居全国各县（市、区）之首。开化县则大力发展中蜂产业，“蜂溢钱江”土蜂蜜荣获“浙江省土蜂蜜十大名品”称号。

2.7.2　蜂产业现状

2.7.2.1　市场主体

蜂产业有国家级农业龙头企业 1 家（浙江江山恒亮蜂产品股份有限公司，简称恒亮），省级农业龙头企业 2 家（浙江江山健康蜂业有限公司，简称健康；浙江福赐德生物科技有限公司，简称福赐德），市级农业龙头企业 3 家（浙江江山有蜂缘蜂业有限公司，简称有蜂缘；浙江千红蜂产品有限公司，简称千红；江山市飞源生物科技发展有限公司，简称飞源）。其中浙江江山恒亮蜂产品股份有限公司（国家级农业龙头企业）成立于 1997 年，公司主要产品涵盖蜂王浆、蜂王浆冻干粉、蜂胶软胶囊、蜂花粉、蜂蜜等 30 多个系列，产品远销美国、德国、日本、英国、意大利、新西兰、澳大利亚等38个国家。恒亮目前拥有数十条先进生产线，蜂蜜年产能达到6 000 t，蜂胶软胶囊4亿颗，鲜蜂王浆600 t，冻干粉胶囊6亿颗。

2.7.2.2 加工销售

衢州市养蜂产值4.8亿元，经销加工产值11.7亿元，蜂业总产值16.5亿元。江山市的恒亮、福赐德、健康、千红、有蜂缘、飞源等企业加强研发生产，精深加工新产品不断推出，进一步提高产品的科技含量，增加产品附加值，提升产业的竞争力，蜜蜂饲养、生产加工的产业集聚明显，已经形成较为完整的蜜蜂产业链。蜂产品出口主要集中在江山市的蜂产品企业，恒亮、健康、福赐德、有蜂缘4家企业有自主出口权，出口业务以恒亮和健康两家企业为主，2019年出口额达2 334万美元。

2.7.3 存在主要问题

一是养蜂员队伍老龄化，养蜂业可持续发展的根基不稳。养蜂生产受天气影响极大，蜂产品生产和市场价格不稳，转地放蜂交通事故不断，行业吸引力下降，年轻人又不愿从事风险高、收入低、长年累月在外“流浪”的养蜂工作。据统计，目前养蜂人的平均年龄为48岁，“老龄化”现象非常严重，随着大龄养蜂人的相继退休，养蜂生产后继无人现象突出，意蜂蜂群数存在下滑的趋势。

二是本地蜜源植物较少，影响到定地养蜂业的发展。受区域地理环境和蜜源植物数量的影响，使江山本地的蜜蜂饲养与蜜源植物供给脱节，转地放蜂、“追花夺蜜”成为主要的生产方式，容易造成蜂产品产量与质量的不稳定。

三是蜜蜂授粉产业化发展缓慢。衢州江山市加大对蜜蜂授粉的推广力度，建立了8个蜜蜂专业授粉示范基地，但种植农户对蜜蜂授粉的重要性认识不到位，蜂农对蜜蜂授粉的推广也存在消极态度。

四是产业链有待延长。蜂产品企业近几年都有较快发展，但集中于蜂产品加工、销售、文化等领域，产业上游研发和下游生产服务等附加值高的领域仍有较大空位，如需求量极大的蜂蜜、蜂王浆等包装物都是从外地采购，蜂箱、巢础、蜂衣、蜂药等蜂机具需求量大，但全市还没有相关的企业从事蜂机具生产。

第 3 章　面临形势

3.1　发展背景

3.1.1　农业经济总体运行平稳

“十三五”期间，衢州市紧紧围绕市委“1433”发展战略体系和“3752”党建治理大花园顶层设计，大力实施乡村振兴战略，全面完成了脱贫攻坚任务，乡村振兴考核持续保持全省前列，农民收入增幅持续保持全省领先。2020 年全市农村常住居民人均可支配收入达 26 290 元，农业经济总体运行平稳。

3.1.2　产业竞争能力不断增强

目前衢州市已经形成了粮油、柑橘、食用菌、蜂产品等 10 余个优势特色产业，省级农产品放心县（市、区）实现全覆盖，生态循环农业发展、农产品质量安全保障走在全省前列。拥有国家级农业龙头企业 4 家、省级农业龙头企业 36 家，认证“三品一标”农产品 549 个，3 052 家农业生产经营主体产品纳入质量可追溯平台。2020 年，全市实现农业增加值 88.42 亿元，产业竞争力不断增强。

3.1.3　产业特色优势不断显现

通过近几年的努力，衢州市目前已经创建柯城柑橘、龙游畜禽、江山蜜蜂、常山山茶油、常山胡柚、衢江区生猪产业等 6 条 10 亿元省级示范性农业全产业链。省农家乐特色乡镇 9 个、省农家乐集聚村 39 个、省农家乐特色点 41 个。“互联网 + 农业”蓬勃发展，江山市成为全国猕猴桃网销中心，涌现出“龙游飞鸡”、常山茶油交易平台、“互联网 + 社群 + 农场”等一批乡村经济新模式。走特色发展之路，抓特色树立工作已成发展的经验之一，衢州市农业产业的特色优势不断显现。

3.1.4　产业发展水平不断提升

在抓特色、走特色发展的过程中，衢州市 11 个农业品牌上榜全省农业知名品牌百强榜，其中开化龙顶、开化清水鱼、江山绿牡丹茶、常山胡柚、常山山茶油、衢州椪柑等品牌获评全省知名农业区域公用品牌。全国“一村一品”示范村镇 5 个，江山市养蜂规模和效益连续 27 年居全国各县（市、区）之首。全市有“中国特产之乡”20 个，拥有衢州不老神鸡、开化龙顶茶、常山胡柚、江山恒亮蜂产品等农产品中国驰名商标，产业发展水平不断提升。

3.2　面临挑战与机遇

近年来，衢州市农业产业迅速发展，产业特色优势和产业竞争力得到了加强，产业发展水平显著提高，但目前仍存在以下问题和短板：一是受当地土地资源的限制，农业第一产业综合经济效益提升困难，一二三产融合有待加快。二是受制于第一产业和第二产业发展亟待新的思路和突破，尤其在第三产业（服务业）的带动下，以加工业为突破口，从而带动整个农业产业发展的思路值得探讨。三是乡村人口与乡村产业双重“空心化”有待破解，龙头企业经营与农民持续增收能力有待加强。

同时，衢州市农业产业发展还面临着一系列挑战：一是新冠肺炎疫情常态化给各级政府带来的保供促稳、防疫抗灾压力，可能会限制产业的跨区融合发展，对服务业形成冲击。二是城镇化的加快造成农村劳动力“老龄化”和“农村空心化”，产业劳动力日渐短缺，产业发展后劲不足。三是在保民生促稳定的大局下，衢州的绿水青山如何转化为金山银山，有待继续强化科技支撑，把科学技术是第一生产力落到实处，促进衢州市现代农业产业生产力进一步提升。

“十四五”时期，三农工作重心发生了历史性转移，进入全面推进乡村振兴、加快农业农村现代化的新阶段。2021 年，农业农村部、国家发展改革委会同 29 个部门共同编制了《“十四五”推进农业农村现代化规划》，明确提出要坚持农业现代化、农村现代化一体设计、一并推进。农业高质高效是农业现代化的根本要求，乡村宜居宜业是农村现代化的重要标志，农民富裕富足是农业农村现代化的核心目标。衢州市农业产业发展也迎来了前所未有的机遇：一是新发展格局下“四省边际中心城市”建设、长三角一体化、杭州都市圈扩容、杭衢一体和高铁时代的到来为衢州市农业农村发展带来了新机遇。二是生态文明建设的深入推进、大花园核心区的建设等为衢州市农业农村畅通“两山”转化渠道提供了新契机。三是浙江省共同富裕试点发展战略为衢州市农业产业发展争取到了更多的资金政策。四是互联网、数字化、大数据服务改革的深入推进为衢州市农业农村现代化注入了新动能。

第4章　总体要求

4.1　指导思想

以习近平新时代中国特色社会主义思想为指导，深入贯彻党的十九大和十九届历次全会以及省委十五届二次全会、市委八届二次全会精神，忠诚拥护“两个确立”、坚决做到“两个维护”，忠实践行“八八战略”，锚定“高质量发展建设四省边际共同富裕示范区”战略目标，围绕“四省边际中心城市”战略定位，强化争先意识、沿海意识，以率先实现城乡一体化发展为引领，聚焦农业发展和农民增收，全面实施“两强四优”行动，推动数字赋能、创新赋能、改革赋能、开放赋能，确保生态质量、绿色发展、幸福宜居、区域协调全省领先，率先建成诗画浙江大花园最美核心区，努力打造乡村振兴跨越发展衢州样板、农业绿色发展先行标杆、共同富裕乡村现代化基本单元、新时代乡村集成改革省级示范、党建统领整体智治全国典范，与全省同步基本实现农业农村现代化。以农业增效、农民增收为目标，通过“六化”（绿色化、数字化、园区化、标准化、融合化、品牌化）协同建设，创新发展模式、构建新发展格局，完善现代农业产业体系、生产体系、经营体系，通过延伸产业链、提升价值链、优化供应链、完善利益链，提高农业综合效益和竞争力，推进农业高质量发展，将衢州建设成为美丽经济的探路先锋和新时代乡村振兴的全国标杆。

4.2　基本原则

坚持市场导向。突出市场主体地位，充分发挥市场配置资源、引导消费升级的决定性作用，激发企业打造品牌创造需求的内生动力，顺应国际国内消费升级趋势，提高高品质产品的服务供给，贯彻落实新发展理念，契合浙江省打造美丽中国先行示范区的目标要求，筹划产业布局、提倡特色发展、辅助产业提升、助力供需平衡。

坚持绿色引领。“绿水青山就是金山银山”，绿色是农业的底色，是发展高质量农业的优势。坚持以粮食安全、绿色供给、农民增收为基本任务，把农业产业发展摆在生态文明建设全局的突出位置，全面建立以绿色生态为导向的制度体系，基本形成与资源环境承载力相匹配、与生产生活生态相协调的农业发展格局。

坚持适度集聚。衢州市农业产业多，农产品丰富，但产业“低小散”，特色优势不够明显，市场竞争力不够强，这是最大的短板，须聚焦具有当地特色和优势的水果、水产、水生蔬菜、水稻等“水”产业与中药材产业做精做强，从而带动其他产业的发展。突出大抓项目、抓大项目，发挥大项目的“乘数效应”，为经济社会发展增添动能、积蓄后劲。

坚持融合发展。现阶段农业产业发展的关键是要通过融合提升发展，共享发展。通过资源集聚、创新引领、设施提升、信息化改造和产业化运营，实现三产融合、城乡融合、三生融合。坚持“发展为了农民、发展依靠农民、发展成果由农民共享”的宗旨，真正使全体农民在融合共享发展中支持发展、投身发展、共享发展。

4.3　战略定位

以“在高质量发展中奋力推进中国特色社会主义共同富裕先行和省域现代化先行”为指引，紧扣“全力打造四省边际共同富裕示范区”总体定位，紧盯“浙江生态屏障、现代田园城市、美丽幸福家园”建设目标，努力打造“美丽经济探路先锋、乡村振兴省域标杆、共同富裕先行示范”，系统推进农业“双强”、乡村建设、农民共富三大行动，在共同富裕大场景下高质量打造更多具有衢州辨识度的标志性成果，全面推进乡村振兴，加快农业农村现代化。通过美丽田园工程、美丽乡村工程及美丽农业产业带的实施，绘制“诗意栖居乡村大花园”蓝图，并逐步让美丽变成财富，变成增长新动力，变成老百姓的幸福感，实现集体增收，百姓增收、资本增收。在美丽经济的表现形式、实现路线、经济高效等方面取得先进经验，在示范引领方面做出表率。

乡村振兴省域标杆。通过农业产业的合理布局、农业产业优势区的建设及特色优势产业经济圈的构建，提升农业现代化水平、促进农民增收、居所美丽、乡风文明、安居乐业。在人居环境改善、人均收入提高、乡村旅游质量、乡风文明建设方面树立起浙江省省域标杆。

共同富裕先行示范。通过农业产业的发展带动集体经济的复苏壮大，从而提升政府在社会收入分配方面的能动性，为达到共同富裕提供物质条件；主动研究“富裕”生活的标准和保障条件，安排布局“全民富裕”的村镇级试点，总结推广“全民富裕”工作的经验教训，在有条件的县市开展“共同富裕”工作的先行先试，为探路共同富裕先行示范。

4.4 发展目标

到 2025 年，基本建立农业高质量发展制度框架体系，衢州市农业产业发展基础更加稳固，产业布局更加优化，产业体系更加完善，产销衔接更加顺畅，农民增收渠道持续拓宽，发展活力持续增强；壮大一批有比较优势的主导产业，建成一批规模化标准化生产基地，培育一批带动力强的农业企业，打造一批影响力大的特色品牌；全市农业综合生产能力明显增强，农业质量效益和竞争力有效提升，农业基本盘和压舱石作用进一步稳固，城乡居民收入差距进一步缩小（表 4-1）。

4.4.1 近期目标

“一产”布局优化。系统梳理现有产业情况，在延续传统、遵照政策、科学评估、智囊建议的基础上布局衢州市农业生产产业。接受农村劳动力锐减、人力资源成本剧增、土地资源受限、环保压力增强的现实，优选便于规模化、机械化、轻简化、集约化的“一产”产业，在衢州市域计划布局，形成具有强劲发展潜力的“一产”布局。

“二产”蓄势强化。与北方大面积农业区相比，衢州市农业生产能力和生产规模具有天然瓶颈，需要在农产品加工方面寻求突破，尤其在“互联网 +”

大数据的发展中，结合服务意识好、商业氛围浓厚的优势，壮大农产品加工的产业集聚。

“三产”稳步提升。依托“互联网 +”和“双创”推动农业生产经营模式转变，健全淘宝果园微商、江山猕猴桃微商等特色农产品微商微店壮大机制，建立探索众筹农业、网上下单配送、个性化定制、社区超市定制等模式培育机制。制定涉农新业态标准，便利市场准入、加强事中事后监管政策，引导乡村新产业改善服务环境、提升品质，促进“三产”的稳步提升。

“一二三产业”更加融合。构建农业农村一二三产业融合发展体系，以国家全域旅游示范城市、国家运动健康城市等创建为契机，推进农产品生产、加工、销售与旅游、健康、文化、信息、体育等产业融合发展。鼓励农业生产和村庄建设等用地复合利用，安排一定比例年度土地利用专项计划支持农村新产业新业态和产业融合发展。力争在“十四五”期间“一二三产业”更加融合。

“主体培育”初见成效。通过千家新型农业经营“主体培育”提升工程，全面提升家庭农场、农民合作社、生态农场发展质量；做大做强农业龙头企业，制定农业企业上市梯度推进计划；大力培育农业社会化服务组织，重点发展全过程、全产业链的现代农业服务企业，推进农业社会化服务示范组织建设；扶持管理规范、运营良好、联农带农能力强的农业企业、农民合作社、家庭农场做优做强，打造一批农业产业化联合体；探索建立“村庄经营承包责任制”，允许乡贤、村干部、经营主体参与经营。“十四五”期间“主体培育”初见成效。

表 4-1　浙江衢州现代农业产业发展指标一览表

序号	主要指标	单位	2020 年指标值	“十四五”目标		属性
				2025 年指标值	年均增长 / 降低	
1	农林牧渔业增加值	亿元	94.34	100	1.2%	预期性
2	粮食综合生产能力	万 t	112	112	0	约束性
3	口粮自给率	%	100	100	—	约束性
4	猪肉自给率	%	118	150	6.4	约束性
5	生猪出栏量	万头	90.45	180	17.9	约束性
6	家禽出栏量	万羽	3 653	4 900	249.4	约束性

（续）

序号	主要指标	单位	2020年指标值	“十四五”目标		属性
				2025年指标值	年均增长/降低	
7	蔬菜种植面积	万亩	58.4	62	0.32	约束性
8	土地流转率	%	52	70	3.6	预期性
9	数字化改造规模种养基地累计数	个	75	300	45	预期性
10	单位播种面积施肥强度	kg/亩	24.9	24	−0.18	预期性
11	单位播种面积用药强度	kg/亩	0.17	0.165	—	预期性
12	水稻耕种收综合机械化率	%	83.34	85	0.33	预期性
13	畜牧养殖机械化率	%	44.45	55	2.11	预期性
14	水产养殖机械化率	%	43.95	50	1.21	预期性
15	设施农业机械化率	%	40.21	50	1.96	预期性
16	建设高标准农田	万亩	4.85	6.3	0.29	约束性
17	灌溉水有效利用系数	—	0.542	0.58	—	预期性
18	“浙码农”赋码量	万次	—	10	2.5	预期性
19	打造农业全产业链，超过30亿元产业链	条	—	6	—	预期性
20	休闲农业和乡村旅游接待人次	亿人次	—	0.95	—	预期性
21	休闲农业营业收入	亿元	20	40	8	预期性
22	省级农业龙头企业	家	—	24	—	预期性
23	未来农场建设	家	—	1 200	—	预期性
24	新增培育数字农业工厂	家	—	60	—	预期性
25	培育农创客	名	637	9 000	1 672	预期性

4.4.2 远期目标

“一产”布局合理。通过“一产”产业布局的优化，在发展潜力、创新技术、科技引领、发展后劲方面呈现出“一产”的合理布局。

“二产”顺势做强。在“二产”蓄势发展的基础上，粮食加工业、水产加工业、蔬菜加工业及水果加工业分别建成突出的产业集聚区，“二产”顺势做强。

“三产”业态创新。在众筹农业、网上下单配送、个性化定制、社区超市定制等模式上。涉农新业态标准，便利市场准入、事中事后监管政策等方面做好“三产”业态创新。

“一二三产业”高度融合。农产品生产、加工、销售与旅游、健康、文化、信息、体育等产业高度融合发展，农业生产和村庄建设等用地复合利用，休闲观光、农耕文化、乡居养老、赋闲山水等模式有所突破，“一二三产业”高度融合。

“主体培育”成效翻倍。家庭农场、农民合作社、生态农场等新型农业经营主体成为主流，农业龙头企业得到培育和壮大，农业社会化服务组织得到重视和加强，农业产业化联合体运行试点得到有效成果，“主体培育”成效翻倍。

第 5 章　优化农业主体功能与空间布局

5.1　农业生产适宜性评价

5.1.1　基于政策约束的评价

耕地是粮食生产的重要基础，为解决好 14 亿人口的吃饭问题，促进农业结构不断优化，保障国家粮食安全，为稳定经济社会发展大局提供坚实支撑，国家高度重视农业生产，政策约束接踵而至。国务院先后出台了《国务院办公厅关于坚决制止耕地“非农化”行为的通知》与《国务院办公厅关于防止耕地“非粮化”稳定粮食生产的意见》。要求各地坚决制止各类耕地“非农化”行为，坚决守住耕地红线。“十四五”规划和 2035 年远景目标纲要强调，要坚持最严格的耕地保护制度，遏制耕地“非农化”，防止“非粮化”，严守耕地红线和永久基本农田控制线。

2021 年《关于全面推进乡村振兴加快农业农村现代化的意见》中提出要坚决守住 18 亿亩耕地红线，严格实行土地用途管制，落实最严格的耕地保护制度。坚决遏制耕地“非农化”，防止“非粮化”，统筹利用撂荒地发展粮食生产。加强高标准农田建设规划，完成 1 亿亩高标准农田年度建设任务，加强耕地保护与质量提升。进一步调整优化农业生产结构、区域布局和产品结构，强化质量兴农、绿色兴农、品牌强农，推动品种培优、品质提升、品牌打造和标准化生产，提升质量效益和竞争力。

浙江省提出要切实做到六个严禁：严禁违规占用耕地绿化造林，严禁占用耕地超标准建设绿色通道，严禁违规占用耕地挖湖造景，严禁占用永久基本农田扩大自然保护地，严禁违规占用耕地从事非农建设，严禁违法违规批地用地。坚决防止耕地“非粮化”，切实做到四个禁止：禁止占用永久基本农田种植苗木花卉草皮，禁止占用永久基本农田种植水果茶叶等多年生经济作物，禁止占用永久基本农田挖塘养殖水产，禁止闲置、荒芜永久基本农田。切实加强粮食生产功能区监管，坚决制止破坏耕地耕作条件的行为。防止无序利用其他耕地种植花卉苗木、水果茶叶等作物和挖塘养殖。利用永久基本农田发展稻鱼、稻虾、稻蟹等综合立体种养的，以不破坏永久基本农田为前提，沟坑占比符合稻渔综合种养技术规范通则标准。

基于以上政策约束条件分析，得出要严格控制耕地转为林地、园地等其他类型农用地（图 5-1，图 5-2）。永久基本农田是依法划定的优质耕地，不能非

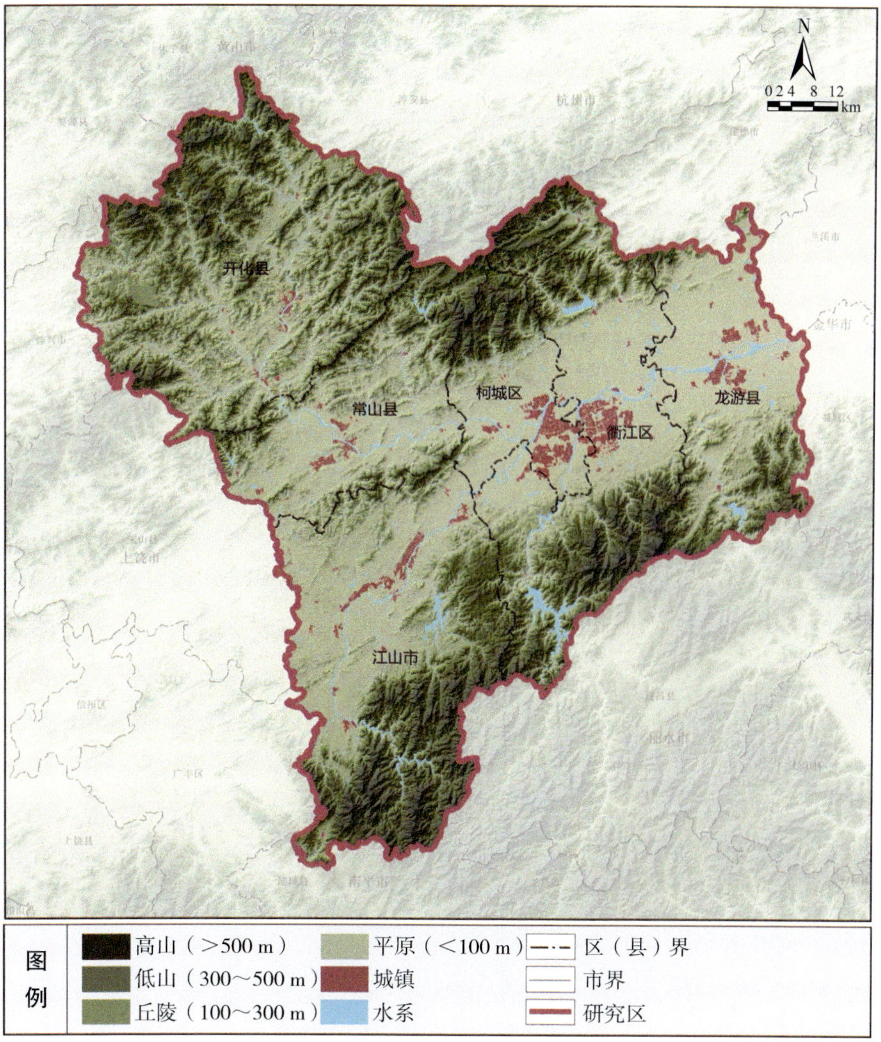

图 5-1　衢州市地形地貌分析

农化，要重点用于发展粮食生产，特别是保障稻谷、小麦、玉米三大谷物的种植面积。一般耕地应主要用于粮食和油料、糖料、蔬菜等农产品及饲草饲料生产。耕地在优先满足粮食和食用农产品生产基础上，适度用于非食用农产品生产；不得擅自调整粮食生产功能区，不得违规在粮食生产功能区内建设种植和养殖设施。衢州市提出要守牢红线：执行最严格的耕地保护制度，加强耕地用途管制，确保耕地保有量不低于 212.75 万亩，永久基本农田保护面积不低于 178.5 万亩。

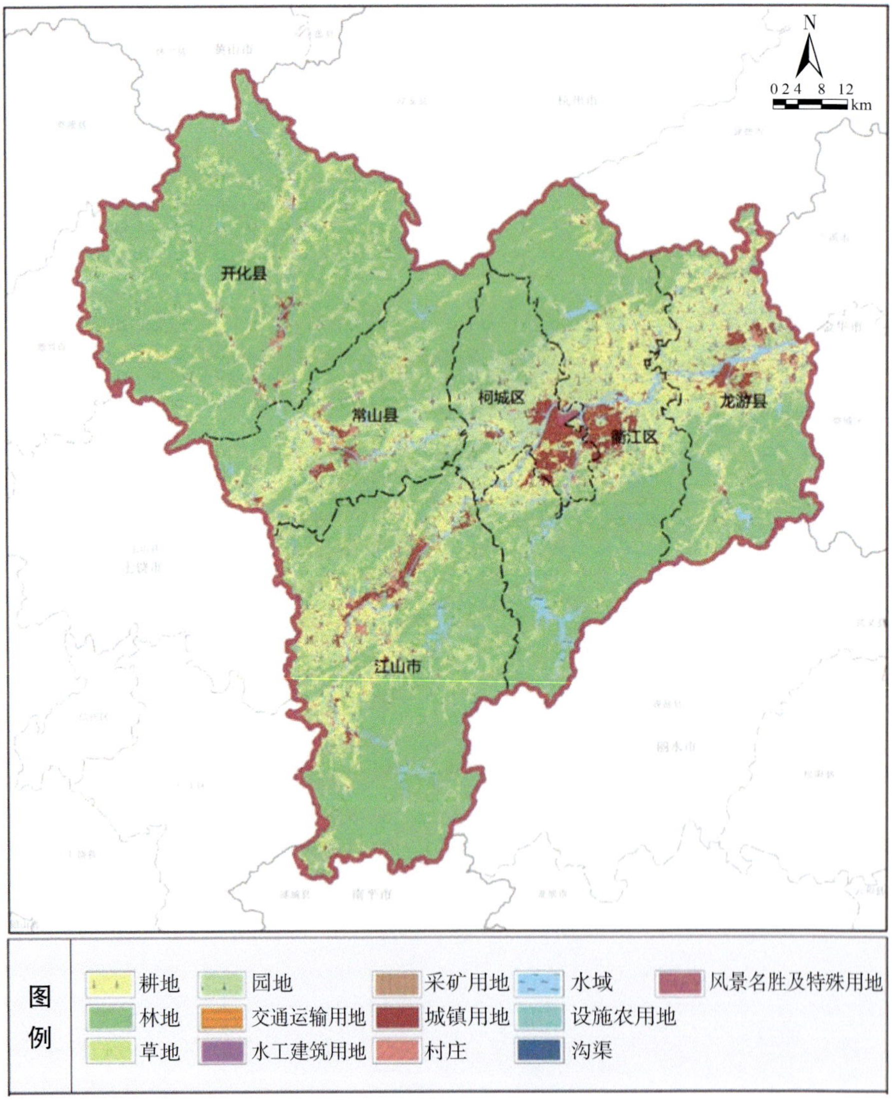

图 5-2　衢州市土地利用现状

5.1.2　基于农业生产适宜性与承载规模的评价

5.1.2.1　种植业生产适宜性评价

（1）种植业生产适宜性评价

依照《资源环境承载能力和国土空间开发适宜性评价技术指南》中的评价要求，以水、土、光、热组合条件为基础，结合土壤环境质量、气象灾害等因素，评价种植业生产适宜程度。水资源丰度越高，地势越平坦，土壤肥力越好，光热越充足，土壤环境质量越好，气象灾害风险越低，盐渍化程度越低，且地块规模和连片程度越高，越适宜种植业生产。

原则上，将干旱（多年平均降水量低于 200.0 mm），地形坡度大于 25°，土壤肥力很差（粉砂含量大，或有机质少，或土壤厚度太薄难以耕种），光热条件不能满足作物一年一熟需要（大于等于 0℃积温小于 1 500℃），土壤污染物含量大于风险管控值的区域，确定为种植业生产不适宜区。

降水量。水资源评价主要指水资源对农业生产的保障能力。针对农业功能指向，采用降水量反映。通过收集气象站近 10 年降水观测资料，利用 ArcGIS 软件中克里金插值工具对以上数据进行空间插值计算，得到 30 m × 30 m 网格尺度的市域范围内平均降水量数据，降水量按照≥1 200 mm、800～1 200 mm、400～800 mm、200～400 mm、<200 mm 分为很湿润、湿润、半湿润、半干旱、干旱 5 个等级。

衢州市降水量呈现由西北到东南逐渐降低的趋势，降水量最高点位于开化县，最低点位于龙游县。全市降水量范围为 1 789.13～1 908.04 mm，属于很湿润的地区（图 5-3）。

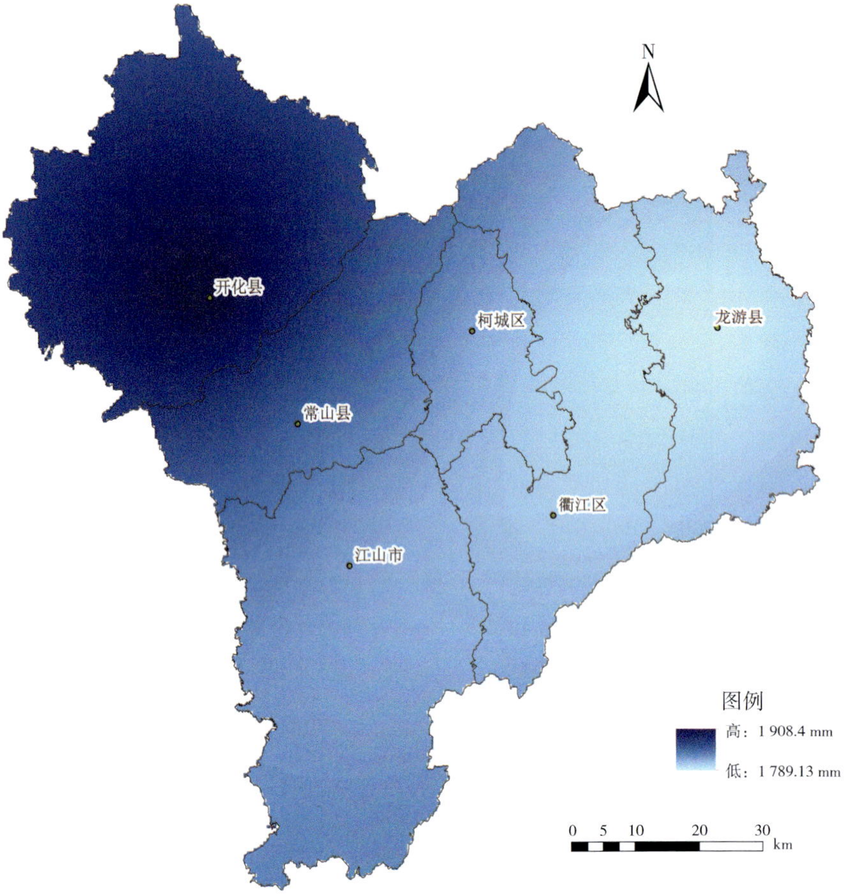

图 5-3　衢州市降水量分级

坡度。通过收集分析衢州市 DEM 数字地形图，计算地形坡度，按≤2°、2°～6°、6°～15°、15°～25°、>25° 划分为平地、平坡地、缓坡地、缓陡坡地、陡坡地 5 个等级，生成坡度分级图。从评价结果上来看，坡度大于 25° 的区域主要分布在北部山区及东南部山区（图 5-4）。

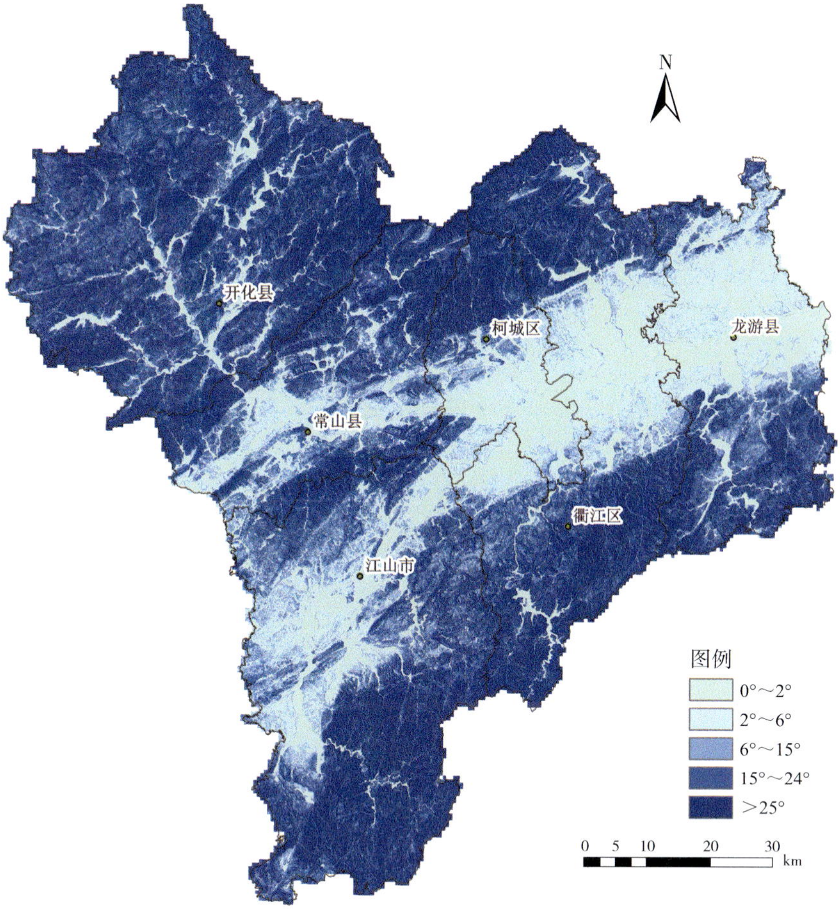

图 5-4　衢州市坡度分级

气候。气候评价主要指自然气候条件对农业生产的支撑能力，通过≥10℃活动积温反映。≥10℃活动积温基于区域内及邻近地区气象站点长时间序列气温观测资料，统计衢州市气象站≥10℃活动积温，利用 ArcGIS 软件中克里金插值工具对以上数据进行空间插值计算，得到 30 m×30 m 网格尺度的衢州市域范围内平均≥10℃活动积温数据，按照≥7 600℃、5 800～7 600℃、4 000～5 800℃、1 500～4 000℃、<1 500℃分为一年三熟有余、一年三熟、一年两熟或两年三熟、一年一熟、一年一熟不足 5 个等级。

衢州市≥10℃活动积温呈现以柯城区、衢江区、江山市向东西逐渐降低的趋势，最低点位于开化县。全市≥10℃活动积温处于6 044.5～6 443.2℃，均可满足一年三熟（图5-5）。

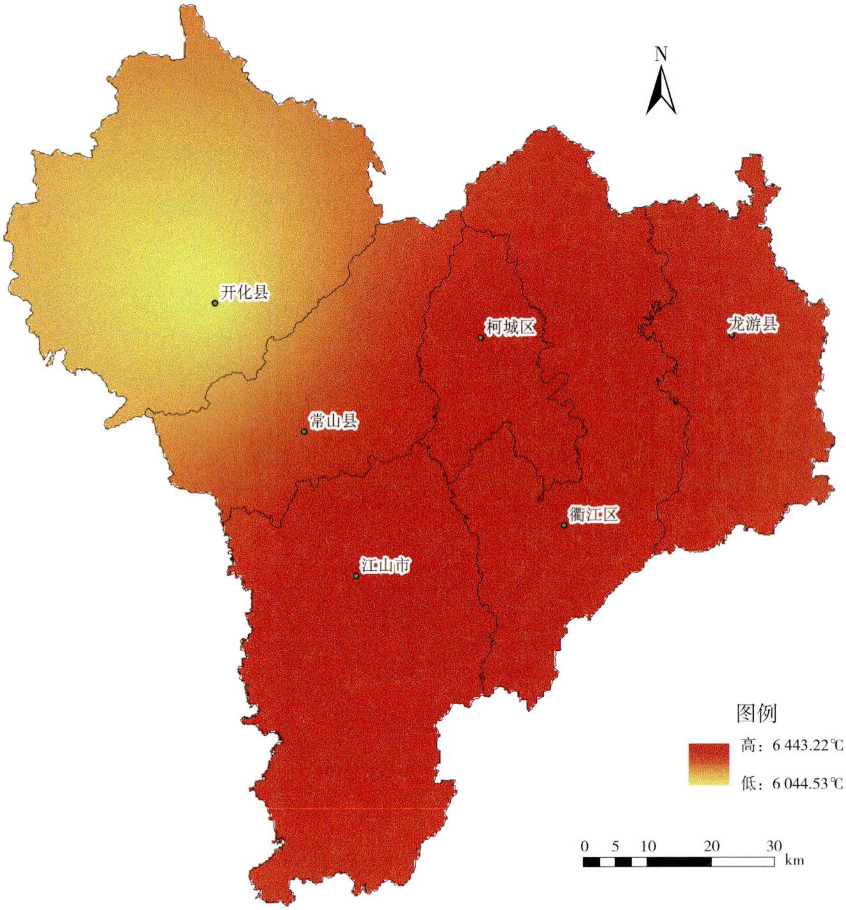

图5-5　衢州市≥10℃活动积温分级

土壤有机质含量。土壤有机质含量。通过收集衢州市土壤有机质分布资料，生成土壤有机质含量分布图。根据全国第二次土壤普查中土壤养分分级标准，将土壤有机质含量分为6级，一级土壤有机质含量>40 g/kg，二级为30～40 g/kg，三级为20～30 g/kg，四级为10～20 g/kg，五级为6～10 g/kg，六级有机质含量低于6 g/kg。全市土壤有机质含量呈现西北高，中部低的特征，有机质含量都高于0.6 g/kg，其中三级土壤占比较大（图5-6）。

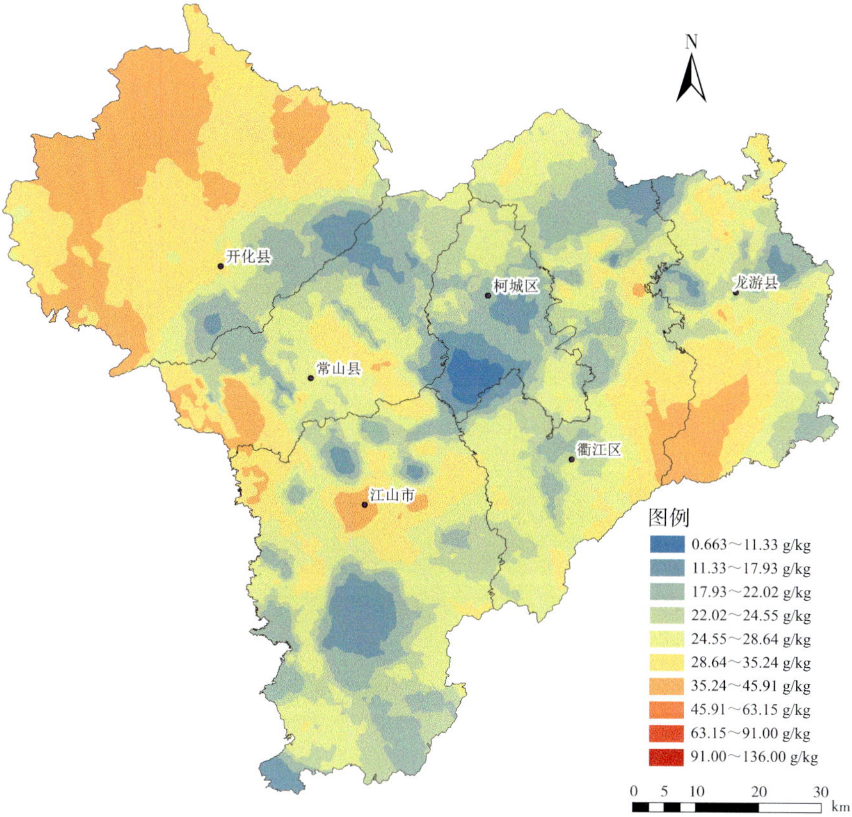

图 5-6　衢州市土壤有机质含量分布

综合降水量因子、坡度因子、光热条件因子、土壤有机质含量因子等单因子评价结果，得到衢州市农业生产适宜性评价结果。全市扣除生态保护极重要区，农业生产适宜性评价如下：衢州市年均日照时数 2 099 h，阳光辐射较充足，利于农作物生长，年均气温 17.4℃，无霜期 256 天，年降水量 2 131 mm，属于湿润区，亚热带季风气候，熟制为一年三熟。土地水气光热充足，充分满足各类作物生长的需要。总的地势特征为南、北高，中部低，西部高，东部低，中部为浙江省最大的内陆盆地——金衢盆地的西半部，自西向东逐渐展宽。境内平原占 15%，丘陵占 36%，山地占 49%。北部为千里岗山脉，西部为怀玉山脉，南部为市内最大山脉仙霞岭山脉，全市最高点为江山市的大龙岗，海拔 1 500 m。

农业适宜区面积 4 506.63 km^2，占比 51%，主要分布在平原与低山丘陵地区，该区域光热水资源充足，适合发展特色农业（图 5-7）。

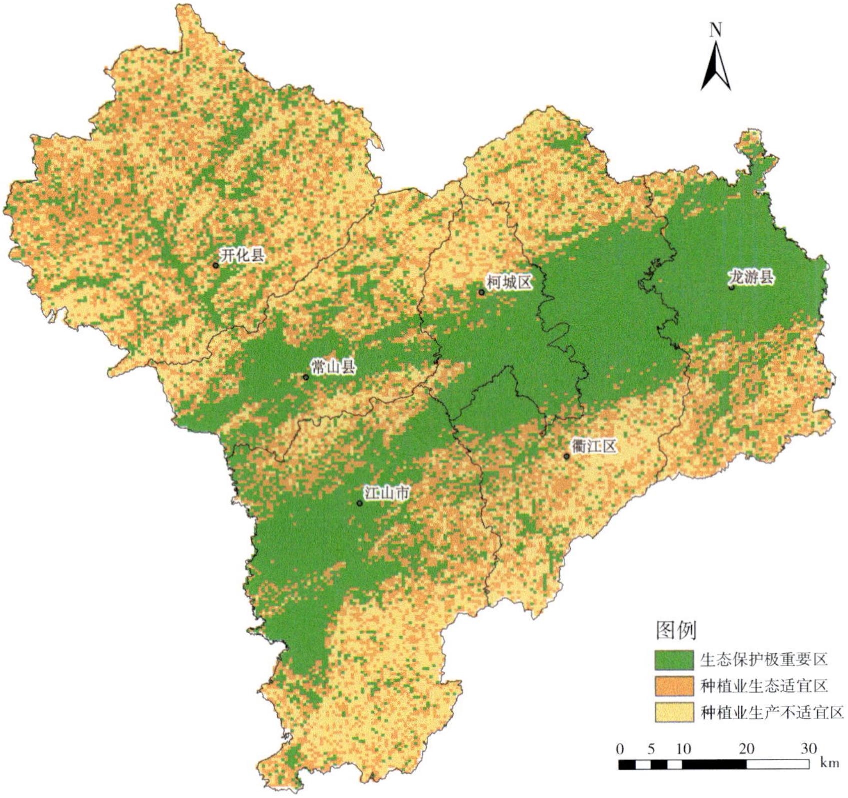

图 5-7 衢州市种植业生产适宜性评价

（2）空间约束下农业生产承载规模评价

从土地资源是否可用作耕地耕作的角度，根据种植业生产适宜性评价结果，将种植业生产适宜区面积作为空间约束下的耕地承载规模。评价结果显示衢州市在空间约束下可承载的耕地规模为 4 506.63 km^2，占总面积的 51%，大于全市三调现状耕地面积。综上，从空间约束角度来看全市的现有耕地面积均不超载。

（3）水资源约束下农业生产承载规模评价

从水资源约束角度，可承载的耕地规模包括可承载的灌溉耕地面积和单纯以天然降水为水源的雨养耕地面积。

在水土资源不同的约束条件下，缺水地区重点以水平衡为约束，分别评价各评价单元可承载农业生产的最大规模；有条件地区可结合环境质量目标及污染物排放标准和总量控制等因素，补充评价环境容量约束下可承载农业生产的最大规模。

按照短板原理，采用各约束条件下的最小值作为可承载的最大规模。市县层面，数据精度无法支撑以乡（镇）为评价单元的承载规模评价时，可直接采用省级评价结果。

A. 可承载的灌溉耕地面积。基于衢州市代表性作物的灌溉定额，以及可用于农业的用水量，测算水资源限制下的可承载灌溉耕地面积。

农田灌溉定额。根据衢州市农业生产实际情况，以代表性作物稻谷、玉米、小麦、油菜、大豆、花生等灌溉定额为基础，在不同种植结构、复种情况、农田灌溉水有效利用系数等情境下，分别确定农田综合灌溉定额（$N_{综合}$），具体计算公式如下：

$$
\begin{aligned}
N_{综合}= & \alpha_{水稻}\times\beta_{水稻}\times N_{水稻}+\alpha_{小麦}\times\beta_{小麦}\times N_{小麦} \\
& +\alpha_{玉米}\times\beta_{玉米}\times N_{玉米}+\alpha_{其他}\times\beta_{其他}\times N_{其他}
\end{aligned}
$$

式中：α、β 分别代表水稻、小麦、玉米等代表性作物的单季种植面积权重（单种代表性农作物种植面积与所有代表性作物种植面积的比值）和复种指数（单种代表性农作物种植面积与各县（市、区）现状耕地面积的比值）。N 分别代表水稻、小麦、玉米等代表性作物的灌溉定额。

B. 雨养耕地面积。雨养耕地面积是根据作物生长期内降水量、降水过程与作物需水过程的一致性等确定。根据衢州市作物生长情况以及灌溉制度，且使其需水过程与降水过程最为匹配，因此将播种面积最广的农作物生长期内有效降水量满足作物需水量的地块面积作为可承载的雨养面积。

5.1.2.2　畜禽业生产适宜性评价

（1）农区畜牧业生产适宜性

衢州位于浙江西部，全域均处于半湿润地区，因此全域均处于农区，以舍饲为主的农区畜禽业养殖为主。衢州市农区畜禽业受自然条件约束较小，因此，除基本农田面积以外，将农区内种植业生产适宜区确定为农区畜禽业适宜区。评价结果显示衢州市在空间约束下可承载的耕地规模为 3 316.62 km^2，占全市总面积的 37.5%。

（2）农区畜禽承载规模

基于衢州市的农地资源基础，以及结合衢州市畜禽发展规模现状，从环境承载力分析对衢州市资源环境的畜禽承载能力进行评价。

本研究中，环境容量与承载力分析仅限于与农业密切相关的部分。从农牧结合的循环经济和保护地下水不被氮、磷污染的角度出发，采用国际上计算区域畜禽环境承载力通用方法：根据单位土地畜禽粪便氮、磷消纳能力来确定承载动物饲养数量。

在一定产出水平下，衢州市域内的作物（含林果）生产对氮、磷元素的需求量是有限的，这个限制是一种动态的阈值，衢州市目前主要畜牧养殖种类主要包括生猪、肉牛、禽、貂、驴、羊等品种，各个养殖品种所产生排泄物具有不同的氮、磷负荷，因此需要对项目区的畜禽粪便氮磷产生量和作物对氮磷的需求量（理论上与施用量持平）进行养殖饱和率的估算。

计算方法如下所示：

$$\text{养殖饱和率}=\frac{\text{猪、肉牛、奶牛、羊、禽等氮磷产生量}}{\text{作物、蔬菜、园地氮磷施用量}}$$

（注：此公式中，氮磷施用量计算仅考虑耕地、园地，未包括林地、草地）

从表 5-1 中数据结果显示，衢州市养殖饱和率均已达到 20%，即从农区的种养物质循环考虑，衢州市现有的畜禽养殖规模未超过市内配套耕地、园地可消纳氮、磷能力。从目前衢州市生产实际来看，生猪、肉（蛋）禽等耗粮型动物主要养殖方式为集约式舍饲，这在一定程度上便于畜禽养殖场粪便肥料化处理，间接缓解了本地畜禽业发展对农区环境的负荷，提升了衢州市的畜禽发展空间。

5.1.2.3 渔业生产适宜性评价

（1）渔业捕捞适宜性评价

渔业捕捞适宜程度主要取决于可捕获渔业资源、鱼卵和幼稚鱼数量、天然饵料供给能力等因素。渔业捕捞不适宜区为水域滩涂承载能力低的区域以及水产种质资源保护区。

（2）渔业养殖适宜性评价

渔业养殖适宜程度主要取决于水域环境、自然灾害等因素。水质优良、自然灾害风险低的水源确定为渔业养殖适宜区。水质不达标或环境污染严重的水域确定为渔业养殖不适宜区。基于以上因素，确定全市禁止养殖区域。

表 5-1　环境承载力基础数据

序号	种类	猪	牛	禽	羊	种类	稻谷	粮食作物	油料	中药材	蔬菜	竹	水果
1	年产氮量［kg/ 头（只）］	7.81	47.77	0.35	5.43	年施氮量（kg/hm^2）	3.03	2.03	7.19	4.32	0.30	1.56	1.22
2	年产磷量［kg/ 头（只）］	2.44	15.51	0.13	1.63	年施磷量（kg/hm^2）	1.31	1.80	2.03	1.07	0.10	0.38	0.59
3	存栏量［万只（头）］	92.73	1.475 2	3 653.29	4.617 5	农作物面积（hm^2）	73 271	89 257	27 247	3 631	38 919	92 667	28 502
4	氮负荷合计（kg）	2 098.42				氮需求量合计（kg）	805 803.35						
5	氮饱和率（%）	26											
6	磷负荷合计（kg）	731.6				磷需求量合计（kg）	371 765.73						
7	磷饱和率（%）	20											

5.2 优化农业生产布局

按照因地制宜、分类施策的原则，结合全市 6 大自然生态区域的农业资源环境承载力、农业适宜性、产业基础、发展趋势和“三区三线”管控要求等因素，确定相应区域的农业发展方向和重点，以绿色为基色，以农田为基底，以果园、茶园、菜园、稻园为肌理，规划期间，整体建设“三带四区”的农业发展空间格局。

5.2.1 “三带”

“三带”指衢州农业绿色发展 3 条先行带，即衢江都市农业先行带、钱江源生态农业先行带、须江美丽农业先行带，该区域位于“一江两港三溪”（衢江、常山港、江山港、马金溪、石梁溪、庙源溪）两侧 50.0 m 至 3.0 km 范围，以诗画风光带农业空间（57.4%）、生态空间（31.1%）为重点，属诗画风光带一般管控区。

发展方向：加快培育发展现代农业，根据生态环境容量优化种植业布局，调减畜牧规模，建设蔬菜、柑橘、休闲为主的标准化、生态化美丽农场。保护乡村农田生态系统，开展山水林田路村镇综合整治，推进美丽果园、美丽茶园、美丽稻田、美丽花田等“四美田园”创建，鼓励利用现有资源发展休闲娱乐、旅游度假、体育健身、教育科研、文化创意、绿色产业等功能，培育多功能农业产业。

5.2.2 “四区”

“四区”指河谷平原现代农业区（海拔＜100 m）、丘陵特色水果农业区（100 m≤海拔≤500 m）、山地林茶复合农业区（500 m≤海拔≤1 000 m）、生态健康渔业区（海拔≤600 m），该区域以“一江两港三溪”（衢江、常山港、江山港、马金溪、石梁溪、庙源溪）两侧 3.0 km 为界，向外（＞3.0 km）扩展至全境，是诗画风光带的外延农业空间，是衢州市现代农业产业高质量发展的

“主体”空间，耕地、园地、渔场分布集中，是衢州重要的粮油、果蔬、畜禽、茶竹、中草药、食用菌、水产品等主产区。

发展方向：大力开展基本农田质量建设工作，建设高标准农田，强化农田水利基本建设，着力发展高效节水农业设施，实施坡耕地水土流失综合治理，加强田间环境治理和生态修复，提高耕地综合生产能力，打造衢州市绿色优质商品粮基地。科学核定种养殖容量，大力发展高效生态循环农业，推广种养结合、农林复合、生态洁水渔业、稻鱼共生轮作减排等绿色模式，改造提升现有规模养殖场，全面开展秸秆、畜禽粪污、养殖污水、地膜等废弃物资源化、循环化利用，构建全市三级循环的绿色农业体系。重点发展优质水稻、专用油菜和生态健康养殖，鼓励发展蔬菜、椪柑、茶叶、蚕桑、家禽、中药材、食用菌、淡水名特优品种（中华鳖、罗氏沼虾、加州鲈等）等特色农产品，促进粮油和特色农产品加工转型升级，配套物流、机械制造、设备检验，建设标准化、规模化、集约化绿色农业综合园区，发展高附加值精深加工。

第 6 章 构建高质量现代农业产业体系

6.1 粮油产业

6.1.1 发展方向

围绕稳定粮食、壮大油菜、提升质量、提高效率的总体要求，加快粮油生产规模化、基地化和绿色化，作业标准化和机械化、产品优质化和安全化、投入减量化和精准化，突破种植业社会化服务和一二三产衔接融合短板，推动“肥药两制”改革、农产品质量安全等数字化应用场景，提高衢州市粮油生产的现代化整体水平和可持续发展能力。

6.1.2 发展建议

一是探索适合衢州当地情况的种植运营模式。发展土地流转、职业农民培育、签约式托管模式、龙头企业带动等经营模式，通过引导和推动土地有序流转，发展多种形式的适度规模经营，提高粮油种植业生产组织化、集约化和专业化水平，建立新型经营主体与小农户的风险共担、利益共享联结机制，以股份合作、利润返还等方式实现抱团发展。

二是加强基本农田基础设施建设。坚决遏制耕地“非农化”，严格管控“非粮化”，改造提升一批已建高标准农田，形成集中连片、设施配套、高产稳产、生态良好、抗灾能力强、与现代农业生产和经营方式相适应的基本农田，提升粮食生产增产增收的硬件条件。开展土地平整，推进劣质梯田改造，适度归并田块，建设灌排配套的田间水利设施，修建农田道路、农田防护林、输配电设施，推广应用先进适用耕作技术。

三是壮大粮油加工企业，大力培育职业农民、家庭农场。推动家庭农场和农民合作社高质量发展，把更多农业规模经营培育成有活力的家庭农场，增强农民合作社服务带动能力。以大力培育专业服务公司、服务专业户等主题，为小农户提供更多专业化服务。实施农业产业化龙头企业提升计划，支持龙头企业在县域布局，更多地把产业链主体留在县域、增值收益留给农民。

四是强化科技支撑。积极引导高校、科研院所专家设立工作站、双聘形式参与衢州农业科技创新，推动农业科技创新高能级平台建设，加强核心技术攻关。推广适宜丘陵小型地块作业的农机具，促进农机农艺和信息化融合，加大配套技术和实用高效农机装备研发与应用，实现生产全程机械化，持续推进粮食机收减损。实施“肥药两制”改革，开展规模主体免费测土配方服务、有机肥和绿色防控产品推广应用，促进粮油产业绿色低碳发展。

6.1.3　发展目标

粮油生产能力维持稳定略有增长。其中粮食种植总面积与水稻种植面积保持稳定，单产稳定、稍有增长，产品品质显著提升。油料种植面积与单产保持稳健适度增长，产品品质明显提升，其中油菜生产能力有较大增长。化肥与化学农药（有效成分含量计）使用总量实现减量化，农作物秸秆综合利用率、废旧农膜和肥药包装废弃物回收率进一步提升（表 6-1，表 6-2）。

专业化、规模化、机械化、标准化水平大幅度提高，深入推进粮食仓储和物流建设，推动粮食批发市场进入全省 20 家现代化粮食批发市场名单，培育大型粮油加工龙头企业。

表 6-1　衢州市粮油产业发展阶段性目标（2021—2025 年）

县（区、市）	年度	粮食种植面积（万亩）	水稻种植面积（万亩）	薯类种植面积（万亩）	油菜种植面积（万亩）
衢州市	2021	133.89	93.88	9.35	40.85
	2023	134.80	94.61	9.37	41.37
	2025	136.20	95.42	9.49	42.00
柯城区	2021	6.14	3.41	0.69	1.75
	2023	6.14	3.41	0.69	1.75
	2025	6.14	3.41	0.69	1.75

（续）

县（区、市）	年度	粮食种植面积（万亩）	水稻种植面积（万亩）	薯类种植面积（万亩）	油菜种植面积（万亩）
衢江区	2021	30.82	22.96	1.92	6.97
	2023	31.08	23.14	1.92	7.06
	2025	31.39	23.35	1.95	7.17
江山市	2021	36.77	27.39	2.18	9.16
	2023	37.08	27.60	2.18	9.30
	2025	37.45	27.86	2.21	9.47
常山县	2021	14.61	9.77	1.35	4.78
	2023	14.73	9.85	1.35	4.84
	2025	14.88	9.94	1.37	4.91
开化县	2021	15.33	7.61	1.62	8.47
	2023	15.46	7.67	1.62	8.58
	2025	15.62	7.74	1.64	8.71
龙游县	2021	30.22	22.74	1.59	9.72
	2023	30.46	22.92	1.59	9.84
	2025	30.76	23.13	1.61	9.99

表 6-2　衢州市粮油产业高质量发展目标（2021—2025 年）

指标	单位	2021 年	2022 年	2023 年	2024 年	2025 年
粮食总产量	万 t	55.15	55.15	55.40	55.60	55.72
油菜籽总产量	万 t	5.75	6.15	6.60	7.15	7.65
水稻生产机械化率	%	83.34	83.34	84.00	84.00	85.00
化学农药用量	t	2 365	2 315	2 265	2 215	2 165
化肥用量	t	196 433	192 433	188 433	184 433	180 433

注：化学农药和化肥用量均指有效成分含量。

6.1.4　产业布局

以衢江区、龙游县、江山市为重点，提升粮食综合生产力。重点打造

“湖镇、塔石、詹家、莲花、高家”“贺村、凤林、石门、峡口”等连片高产高效标准化粮食生产示范区；以湖镇、塔石等地为核心区，建设高端（有机、绿色）粮食生产示范区。重点发展以塔石、横山为主的油菜生产优势区（图 6-1）。

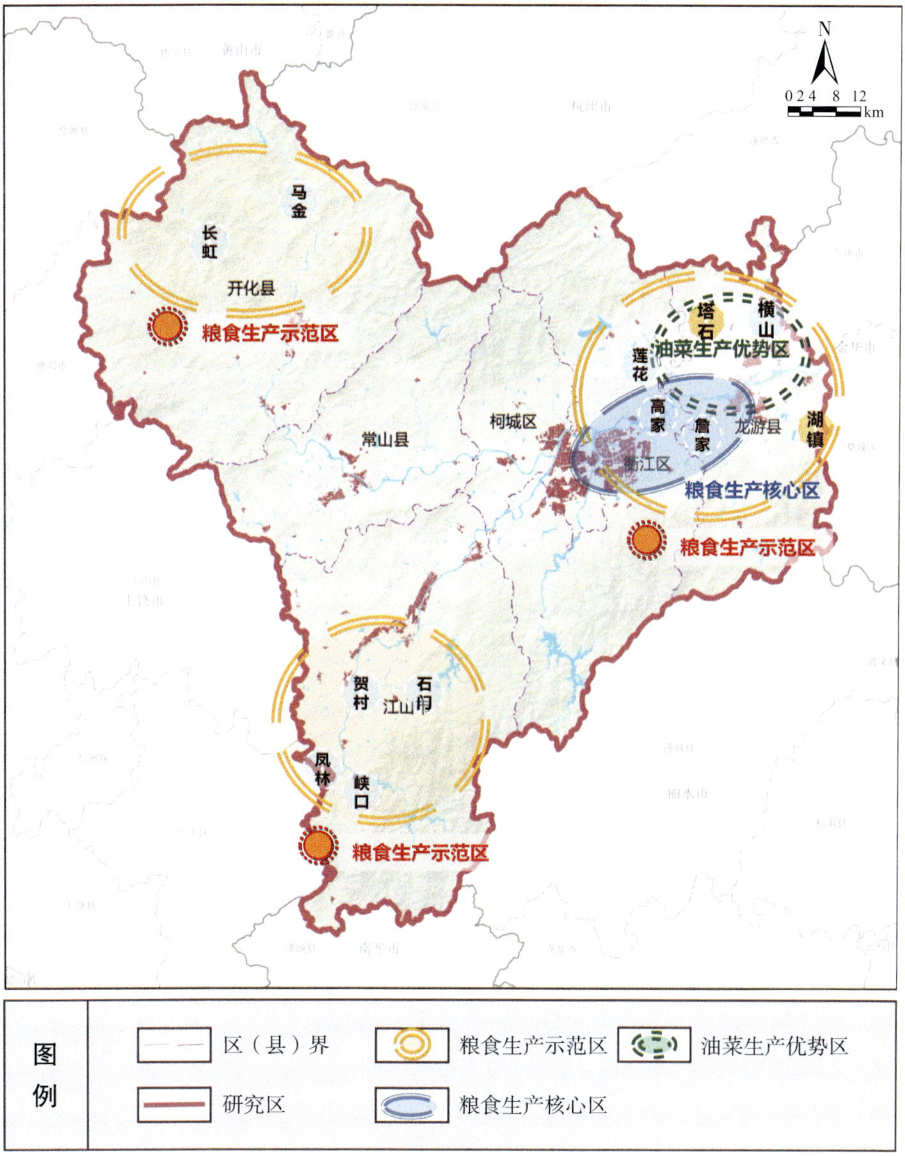

图 6-1　衢州市粮油产业空间布局

6.1.5 重点工作任务

（1）加强耕地保护与高标准农田建设

以龙游县、江山市等为建设重点，通过土地平整、农田水利、田间道路、农田防护林等田间改造工程，配套灌溉排水设施，建设旱涝保收、高产稳产、节水高效的高标准农田25万亩以上，建设“千亩方”永久基本农田集中连片100片以上，粮食生产功能区面积稳定在59万亩。通过增施农家肥、秸秆还田等土壤培肥措施，开展土地平整与整治，改造中低产田10万亩，有效巩固和提高粮食综合生产能力。

（2）实施良种推广体系建设

大力开展水稻优质高产示范，推广优良品种，提高单产和效益。加快新品种推广步伐，强化主导品种发布推广力度，培育良种示范户和种粮大户。支持粮油作物制繁种基地优先落实配套设施建设用地，支持种子管理机构、种业企业大力推广自主可控优良品种，加快适宜农作物优良品种的筛选，推广良种标准化生产技术操作流程，建设3～4个新品种示范展示点，推广展示面积10万亩。

（3）优质安全绿色粮油栽培关键新技术集成与推广

健全市县乡镇三级粮油生产农技研发推广机构与体系，充实农技推广人才队伍，提炼集成不同作物的种植技术规范与生产管理措施，以实现优新品种选育、成熟技术配套及其科学田间管理的优化组合。建立完善病虫监测和防控技术指导与社会化服务体系，加快推进一站式农业科技转化推广服务链建设；完善全程监管体系，扩大农产品质量安全风险监测范围；深化“肥药两制”改革，加快推进有机环保农药替代、测土配方施肥、新型肥料应用，打造“一户一业一方”精准施肥模式，减少农田氧化亚氮排放；引进示范推广有机稻生产的稻鸭（鱼）共作技术，大力推广害虫性诱、色诱、灯诱防控技术等绿色防控技术，开展作物病虫害绿色防控和统防统治整建制推进。

（4）推进优质安全绿色高产粮油示范基地建设

以湖镇、塔石等乡镇为重点，建设高产优质水稻、绿色有机高端水稻、优质油菜、双低高产示范基地共计20万亩左右。推进粮油绿色高质高效创建，大力推广粮油轮作、水旱轮作等新型农作制度以及高产高效生态栽培模式，开展新技术、新品种、节水示范，构建严格的产前、产中、产后全产业链质量标准控制体系，促进粮食生产提质增效，提升当地稻米品牌影响力，建成 110 个粮食绿色高产示范基地。

（5）进一步提高农业机械化水平

在水稻、油菜优势区，推动农业“机器换人”示范创建，支持建设主体引进数字装备、绿色高效农业设施与农机装备，积极发展或引进适合丘陵山区水稻、油菜生产高效专用农机，加快提升丘陵山区农业机械化技术推广服务能力，建设水稻生产全程机械化作业示范面积 10 万亩。积极搭建农机服务与农机需求对接平台，购置育苗、插秧、收割、中耕、播种、深松、节水灌溉、秸秆还田机械和设备，扶持农机专业合作社发展。

6.1.6 重点项目与投资

重点建设高标准农田、粮油良种繁育基地、粮油高产高效示范基地等 14 个项目（表 6-3）。

表 6-3 优质粮油产业建设重大项目建设清单

序号	项目名称	建设内容	建设地点	建设时间（年）
1	水稻“机器换人”示范县创建	以农机专业合作社、种粮大户为重点对象，推进水稻机械化穴直播、烘干、植保、耕作、收获、筑埂及育插秧标准化作业等技术应用，重点推广乘坐式高速插秧机、大马力粮食收获机械、精量穴直播机、筑埂机、大马力拖拉机等高性能机械，逐步淘汰老旧机具，在机械穴直播、机械筑埂等技术环节取得突破，整体提升水稻耕种收机械化水平。2025 年，水稻耕种收综合机械化率达到 85% 以上	产稻县（市、区）	2019—2025

（续）

序号	项目名称	建设内容	建设地点	建设时间（年）
2	“稻+”综合种养生产基地建设	选择水源条件好、排灌方便、耕作层较深和无污染等基础条件较好稻田，根据稻田实际情况开挖环形或者“目”形鱼沟，加高加固田埂，做好拦鱼防逃设施，科学核定水域养殖容量，严禁施肥，控制投饵，建设稻鱼、稻鳖、稻鳅共生轮作等综合种养模式，减少农药化肥使用，提高粮食、水产品质量，实现稳粮养鱼增收减排绿色发展	龙游县、常山县、开化县等县区的粮食主产乡镇	2019—2022
3	稻渔综合种养示范推广项目	发展生态循环农业，推广稻渔综合种养技术及模式，提高农民种稻积极性，解决“非粮化”问题，促进农渔深度融合，提升农产品品质；建设稻渔综合种养示范县 2 个、示范乡镇 5 个、示范基地 30 个，改造水产良种场 2 个	全市各县（市、区）	2021—2025
4	粮食生产功能区提标改造	以提升粮食生产条件、建设吨粮田为核心，对尚未达到吨粮标准的粮食生产功能区进行提标改造，主要包括修复或新建排灌沟渠道、机耕路、机坡、泵站以及农用电网等农田基础设施，新建、修剪与粮食生产功能区相配套的水稻育秧、谷物烘干和农机综合服务等中心，种植绿肥、秸秆还田、增施有机肥等土壤培肥措施，提高土壤有机质含量，推广千斤粮万元钱、水旱轮作、间作套种等高效生态种植模式。2025 年，全市全面建成省级粮食功能区 59 万亩，新建和提升粮食生产功能区 5.7 万亩	全市各县（市、区）	2019—2022
5	粮食功能区管护项目	全市粮食功能区水路渠管护提升改造建设	全市各县（市、区）	2021—2025
6	粮食生产功能区“非粮化”整改项目	整改粮食生产功能区“非粮化”面积，移除非粮作物，恢复土地的粮食生产功能	全市各县（市、区）	2021—2025

（续）

序号	项目名称	建设内容	建设地点	建设时间（年）
7	江山市粮食生产功能区提标改造项目	在粮食生产功能区内建设排灌渠、机耕路、下田坡、泵站和农用电网等基础设施，在服务中心建设生产用房、育秧房、粮食烘干机、除杂机等粮食加工设备和附属设施	江山市	2021—2025
8	江山市“全国新增千亿斤粮食生产能力规划田间工程建设项目”	硬化田间机耕路、新建机耕路、改建灌溉渠道，改建灌排结合渠渠道、新建下田坡、新建抽水泵站等	江山市	2020—2025
9	粮食产加销融合发展项目	全市新培育粮食产加销融合发展主体5个，推进培训、育秧、烘干、农机、农资、五化中心建设，提升改造或购置先进的粮食加工机械设备，实现粮食生产加工销售全产业链发展	全市各县（市、区）	2021—2025
10	2.6 万 t 粮食（粮油制品）仓储配送及物流	计划受让土地 15 亩，其中：商业 5 亩，仓储 10 亩，建设粮食商务大楼 6 000 m^2（功能包括粮油制品网上电商平台、交易中心、配送中心、商务中心），粮食仓储 12 000 m^2，大型冷库 2 000 m^2，物流车辆地下停车场	常山县	2021—2022
11	“梁花”科创产业园	新建红高粱、多彩油菜花系列产品深加工厂房 2 万 m^2，占地面积 60 亩，生产线及设备，仓储用房用地 40 亩，建筑面积 8 万 m^2	开化县	2020—2024
12	粮油绿色高产创建项目	推广应用水稻“两壮两高”栽培技术、配方施肥、绿色防控等集成配套技术。建立千亩绿色高产高效示范片。进行育秧中心、优质米加工服务中心等主体建设	江山市	2020—2022
13	浙江省大桥镇农业产业强镇项目	优质水稻示范区基础设施建设、粮食绿色高产高效区域化全产业链建设、稻米品牌培育建设、稻渔空间建设	江山市	—

（续）

序号	项目名称	建设内容	建设地点	建设时间（年）
14	粮食产、供销全产业链发展	筛选优质稻米品种，示范推广优质稻米种植，集成绿色高质高效技术模式，通过建立生产基地，加快推进优质稻米产加销一体化经营。同时培育稻米品牌，打造江山优质稻米公共品牌，推动稻米全产业链发展，提高大米市场竞争力、品牌影响力，推进传统产业转型升级。至2025年，全市建成生产环境优良、种植品种优质、稻米品牌销售及经济效益明显的产加销一体化基地5个	江山市	2021—2025

6.2 水果产业

6.2.1 发展方向

紧紧围绕农业增效、农民增收的总体目标，以实施乡村振兴战略为指引，以深化农业供给侧结构性改革为主线，坚持品种、品质、品牌“三品联动”，坚持内销、出口、加工三驾马车“并驾齐驱”，坚持线上线下“双管齐下”，调品种、优品质、铸品牌、育主体、强科技，加快柑橘、猕猴桃、枇杷和杨梅等水果产业高质量发展。

6.2.2 发展建议

一是调整品种结构，强化品种改良。根据浙江水果种植区划和品种的适宜性，逐步实现柑橘、猕猴桃、杨梅、枇杷等水果品种更新换代和结构优化。重点推广无核椪柑、鸡尾葡萄柚、红阳猕猴桃、翠玉梨、圆梦桃等新品种，以产业发展联盟为纽带，通过统一种苗、统一标准、统一品牌，打造利益共享、风险共担的共同致富新模式。

二是鼓励规模化经营，强化主体培育。根据土地流转政策，千方百计推进果园流转，推进水果适度规模经营，培育新型经营主体。探索创新流转机制，通过果园入股、以产量定租金、“统一流转、二次返包”等方式，与农民分享发展红利，提升农民果园流转的意愿。积极引导种植大户、农村致富带头人、返乡农民工、农创客等各类人士创办家庭农场，专业从事水果生产经营工作。每年培育连片种植果园的规模化家庭农场 200 家。

三是大力发展精品果园，强化基地建设。围绕“稳面积、优结构、提质量、增效益”，以高标准精品果园建设为抓手，深入实施精品水果基地建设工程，每年建设 10 000 亩。精品水果基地要求集中连片种植，推行种养循环、水肥一体化、病虫害绿色防控等先进适用技术。同时，推动衢州市开展精品果园创建，抓好 50 个水果精品园建设，大力支持柯城石梁柑橘小镇、衢江新田铺田园康养综合体、常山柚香谷等一批重大项目建设。

四是延长水果产业链条，强化精深加工。大力发展水果精深加工，拓展特色水果利用途径。扶大扶强柑橘、猕猴桃、杨梅等水果加工龙头企业，扩大精深加工产能，积极开发 NFC 果汁等新产品。积极推进胡柚“一果两用”，打响衢枳壳中药饮片品牌。大力发展衢陈皮产业，推动衢陈皮进入新版《浙江省中药炮制规范》，确保衢陈皮药用的合法性，提高行业规范发展水平，培育一批衢陈皮加工销售的龙头企业。

五是开展标准化生产，强化品牌建设。建立健全水果全产业链标准体系，推进现代果业全产业链标准集成应用基地建设，积极申报“无公害产品”“绿色食品”“有机食品”等体系认证。完善区域公用品牌、企业品牌、产品品牌等品牌体系，扩大“三衢味”品牌效应，大力推行农产品合格证制度和地理标志农产品认证。大力开展网络营销，加强与淘宝网、拼多多、抖音等网络资源的对接，拓展与大型商超等集团采购的合作，扩大“网上 + 网下”销售渠道。加强报纸、电视、网络等新闻媒体的宣传，积极组织农业经营主体参加中国农交会、浙江农博会等知名农产品展示展销活动，不断提升衢州精品水果的知名度和美誉度。

6.2.3 发展目标

到 2025 年，柑橘种植面积达到 35 万亩，产量稳定在 40 万吨左右，全产业链产值达到25亿元；猕猴桃种植面积达到4.0万亩以上，总产量3.2万t，猕猴桃全产业链产值达到5亿元；杨梅种植面积1.2万亩，产量3 000 t，杨梅全产业链产值达到5 000万元；枇杷种植面积1.2万亩，产量6 400 t，创产值3亿元。培育4～6个有影响力的品牌，扶持现有重点龙头企业，适当扩大企业数量与规模，在发展基础较好的区域试点信息化管理，农业信息化水平稳步提升（表6-4）。

表6-4　衢州市水果产业阶段性发展目标（2021—2025年）

县（区、市）	年度	柑橘种植面积（万亩）	猕猴桃种植面积（万亩）	杨梅种植面积（万亩）	枇杷种植面积（万亩）
衢州市	2021	32.88	3.18	0.96	1.17
	2023	33.62	3.50	1.07	1.18
	2025	35.00	4.00	1.20	1.2
柯城区	2021	7.00	0.21	0.05	0.01
	2023	7.00	0.25	0.05	0.01
	2025	7.00	0.30	0.05	0.01
衢江区	2021	7.93	0.27	0.18	0.50
	2023	8.16	0.30	0.21	0.51
	2025	8.65	0.37	0.24	0.52
江山市	2021	2.15	2.50	0.37	0.40
	2023	2.21	2.75	0.42	0.40
	2025	2.30	3.10	0.48	0.41
常山县	2021	10.14	0.09	0.04	0.10
	2023	10.43	0.09	0.04	0.10
	2025	10.95	0.10	0.04	0.10
开化县	2021	0.50	0.04	0.27	0.14
	2023	0.50	0.04	0.30	0.14
	2025	0.50	0.05	0.35	0.14
龙游县	2021	5.16	0.07	0.05	0.02
	2023	5.31	0.07	0.05	0.02
	2025	5.60	0.08	0.05	0.02

6.2.4　产业布局

柑橘产业重点布局在柯城区、衢江区、龙游县和常山县，加速发展沪昆高速果业带（青石、东案、石梁、航埠、莲花、詹家等乡镇）；猕猴桃产业重点布局在江山市、柯城区和衢江区，加速发展京台高速猕猴桃产业带（塘源口、张村、保安、长台、碗窑）、衢江莲花猕猴桃产业带（莲花、高家）；杨梅产业重点布局在江山市、衢江区和开化县，加速发展山深线杨梅产业带（峡口、大陈、金川、池淮、马金）、衢江湖南杨梅产业带（湖南、横路、大洲、岭洋）；枇杷产业重点布局在衢江区和江山市，加速发展衢江北部枇杷产业带（周家、杜泽、莲花）、江山北部枇杷产业带（坛石、双塔、虎山、四都、贺村）（图 6-2）。

6.2.5　重点工作任务

（1）强化品种改良

每年推广柑橘新品种 10 000 亩，逐步实现品种更新换代和结构优化。露天种植以发展早熟柑橘为主，重点推广早熟椪柑、鸡尾葡萄柚、甜橘柚、春香、大雅柑、由良等。大棚设施栽培以发展晚熟杂柑和精品柑橘为主，重点推广无核椪柑、红美人、春见、甘平等。抓好无核椪柑推广，以无核椪柑产业发展联盟为纽带，创新利益共享、风险共担的园区化种植模式，通过统一种苗、统一标准、统一品牌，打造柑橘产业的拳头产品。针对衢州市处于柑橘种植北缘地区，容易遭受冻害的产业发展痛点，开发和推广柑橘低温冻害政策性保险。

（2）强化主体培育

牢牢抓住橘园流转这个“牛鼻子”，千方百计推进橘园流转，推进柑橘适度规模经营，培育新型经营主体。积极引导种植大户、农村致富带头人、返乡农民工、农创客等各类人士创办家庭农场，专业从事柑橘生产经营工作。探索创新流转机制，通过橘园入股、以产量定租金、“统一流转、二次返包”等方式，与农民分享发展红利，提升农民橘园流转的意愿。每年培育连片种植柑橘 20 亩以上的家庭农场 200 家。

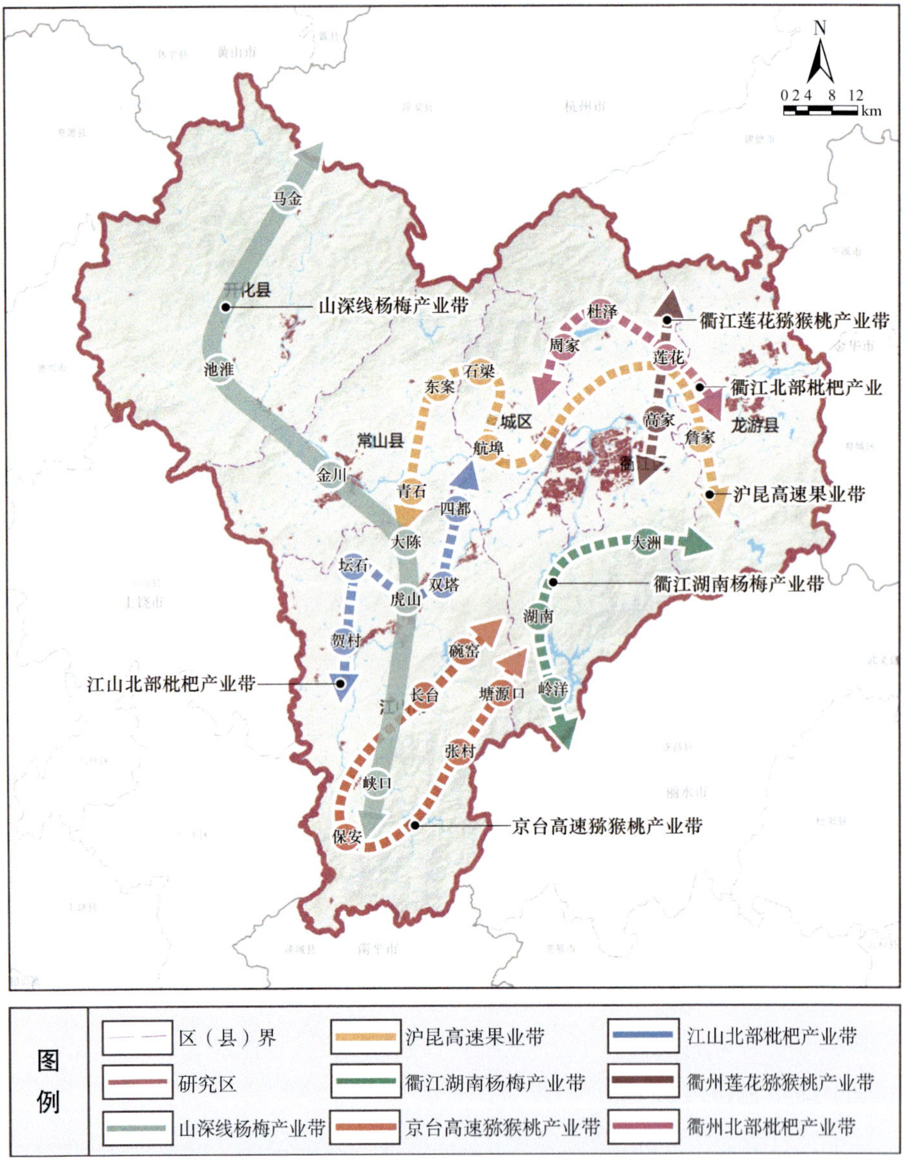

图 6-2　衢州市水果产业空间布局

（3）强化基地建设

深入实施万亩精品柑橘基地建设工程，每年建设 2 000 亩。精品柑橘基地要求集中连片种植，推行宽行窄株栽培、地膜覆盖、水肥一体化、病虫害绿色防控等先进适用技术。同时，推动各县（市、区）开展柑橘精品园创建，大力支持柯城石梁柑橘小镇、衢江新田铺田园康养综合体、常山柚香谷等一批重大项目建设。

加强老猕猴桃园建设管理，通过增施有机肥改土，完善水、电、路、架以及增加机械设备等设施，全面提升老猕猴桃园档次，发展生产经营模式由粗放型、松散型、传统型向集约化、规模化、现代化转变，力争在 2025 年培育猕猴桃标准园 10 家以上，形成集聚发展态势，不断放大规模效益。适度发展优新品种，根据市场需求合理调整品种结构，科学搭配早熟、中熟、晚熟品种，从培肥、设施配套等方面着手，提高猕猴桃果品质量安全。鼓励发展有机绿色种植、个性化种植、差异化经营，进军高端市场。

（4）强化精深加工，强化龙头企业培育

坚持内培外引“双轮驱动”，培育壮大猕猴桃产业龙头企业。立足衢州市在全国猕猴桃网络销售强、经营主体总量多等特点，加大产业招商力度，着力引进或培育出集猕猴桃基地建设、产品研发、技术创新、园区观光、市场销售于一体的农业产业化龙头企业。依托龙头企业，逐步建立合作社、家庭农场、种植大户、贩销户、电商为补充的完整产供销队伍，发展猕猴桃深加工，深入挖掘猕猴桃文化、药用、保健价值，开发猕猴桃“康养文旅”产品，发展猕猴桃休闲观光业，丰富猕猴桃产业业态，提升产业附加值。

大力发展柑橘精深加工，拓展柑橘利用途径。扶大扶强柑橘加工龙头企业，通过扩建厂房、环保设施升级等，扩大柑橘精深加工产能，在巩固传统柑橘囊胞加工优势的基础上，积极开发 NFC 果汁等新产品。提高行业规范发展水平，培育一批衢陈皮加工销售的龙头企业。

（5）强化科技支撑

加强与相关院士团队的合作，及时引进转化最新柑橘科研成果，建设国家级的柑橘良种苗木繁育中心。加快水果无损伤测糖仪在柑橘分级包装上的应用，提高产品质量均一性，为精品营销奠定基础。深入研究柑橘盆栽新技术，开发柑橘盆景新产品，加强地方特色观赏品种衢橘的利用，拓展柑橘的园艺审美功能。

加强与浙江省农业科学院、浙江农林大学、西北农林科技大学等科研院所的合作与交流，引进新品种、新技术，共同开展技术难题攻关。积极构筑多元化的技术推广体系，加强科技传播平台建设，加快技术创新成果的扩散，快速实现先进生产技术从小规模适用到大规模采用的转变。采取多种形式加强对乡镇农技干部、村级技术员和种植大户等骨干人员生产管理各环节技术培训，培养一批本地“土专家”，形成“梯级式”技术人才体系。

（6）强化配套建设

加强物流体系建设，推进本地物流冷储资源整合，采用“统一验收”“统一入库”“统一冷储”“统一出库”“统一发货”的方式，从整体上降低猕猴桃经营者的冷储物流成本，提高市场抗风险能力。在巩固以长三角为主的电商销售区域的同时，积极开拓福建、江西、湖南等物流专线，推广全市猕猴桃的市场覆盖面。以 PPP 等方式引进投资商，建设一个集物资交易、仓储加工、快递物流、电子商务、分选包装、展示展销、科技培训为一体的猕猴桃专业化市场，鼓励全市大多数贩销户和电商入驻，鼓励猕猴桃经营业主借助淘宝网络、微信等平台开展网络销售，通过规范化、系统化、信息化的经营管理，打造成为全国最具规模的猕猴桃贸易集散中心。

（7）强化品牌建设

大力开展网络营销，加强与淘宝网、拼多多、抖音等网络资源的对接，拓展与大型商超等集团采购的合作，扩大“网上 + 网下”销售渠道。举办全市精品柑橘擂台赛，对评出的优胜主体给予奖励，大力宣扬优质精品的价值导向，营造优质优价的良好氛围。加强报纸、电视、网络等新闻媒体的宣传，积极组织农业经营主体参加中国农交会、浙江农博会等知名农产品展示展销活动，不断提升衢州柑橘的知名度和美誉度。

充分发挥江山猕猴桃电商市场占有率高的优势，大力实施品牌战略。坚持“政府搭台、财政扶持、部门主导、主体唱戏、合力推动”的工作方针，实行品牌统一包装推介，统一营销宣传，加强“三品”认证，不断打响“江山猕猴桃”地理标志证明商标品牌。

6.2.6 重点项目与投资

重点建设柑橘小镇、香柚产业园、猕猴桃交易集散中心、柑橘智慧农机装备应用示范基地等 26 个项目（表 6–5）。

表 6-5　优质水果产业建设重大项目建设清单

序号	项目名称	建设内容	建设地点	建设时间（年）
1	智慧农机装备应用示范基地	依托家庭农场、设施温室，开展“智慧农业”示范点建设，结合省级“现代化数字牧场”创建工作，充分利用定位标签、在线视频监控、温湿度传感等物联网技术，引进和示范推广基于云计算、移动互联、5G 等现代信息技术的智慧农机装备，全面推进，塑造“只见农机不见人”的农业生产场景。2025 年，在常山县建成柑橘智慧农机装备应用示范基地 1 处，建成自动化农业（蔬菜）工厂 1 处	柑橘智慧农机装备应用示范基地：常山县。江山市星菜植物工厂：江山市山海协作区	2019—2022
2	万亩精品柑橘基地建设	在全市范围内建设精品柑橘基地 10 000 亩，单个基地最低要求集中连片 20 亩以上，推广柑橘新品种，推行标准化种植、精细化管理、品牌化营销	新型农业经营主体，实行以奖代补	2021—2025
3	柯城区石梁镇柑橘小镇	通过建设柑橘农旅融合发展区、柑橘小镇柑橘生态健康产业区、石梁溪花卉产业区、柑橘科技与数字化产业区和柑橘冷链物流加工区五大功能区，构建柑橘小镇产业发展基础、激活小镇流量、实现小镇长久活力	农法自然农业科技有限公司、浙江澳创果业有限公司、浙江韵泽盈农业科技发展有限公司	2021—2025
4	常山县香柚产业园	规划用地范围总面积 20 000 亩，规划布局“一心多点”。其中：核心区项目——珊瑚畈香柚种植园，主要分布在天马、金川 2 个街道，规划用地范围 14 000 亩、相对集中连片种植面积 5 000 多亩；区外项目，主要分布在白石、球川、紫港、辉埠 4 个乡镇（街道），基地单体种植面积均保持在 500 亩以上	浙江柚香谷投资管理有限公司	2020—2024

（续）

序号	项目名称	建设内容	建设地点	建设时间（年）
5	胡柚小镇	胡柚实生树群保护区、胡柚深加工基地；建设“十里柚香街”、农产品电商创业园；新建滨港休闲旅游景观带、赏石品柚商贸区、休闲养生发展区、民俗文化展示区等；实施土地流转、土地整治，村庄景区化提升、水环境治理与美化、文旅产业等	荣盛农旅集团、亿利集团、农投公司	2020—2024
6	全国猕猴桃交易集散中心（市场）	全国猕猴桃交易、批发中心	江山市	2021—2025
7	常山胡柚产业提质升级工程	开展常山胡柚新品种选育，培育常山胡柚新品种苗木，推广种植胡柚新品种 6 000 亩；开展衢枳壳基源认定，推动衢枳壳普及应用和产品开发，争取常山柚橙（常山胡柚）列入《中国药典》2020 年版增补本；推动胡柚品牌化销售、拓展销售渠道	常山县	2020—2025
8	柚香谷农村产业融合发展示范园	流转土地，建立香柚基地 1 万亩，购置香柚加工生产线及运输、灌溉、喷药等机械设备，安装滴灌设施，完善水、电、路等基础设施及配套附属工程，推广应用先进适用技术	常山县	2020—2025
9	胡柚小镇建设	打造建立基地、加工、仓储、物流、文化展示为一体的集工业、商业、旅游、休闲一体化的特色小镇	常山县	2021—2025
10	常山胡柚物流（集散）中心	建设 10 000 m^2 的物流中心，按照“一核多点”的思路，仓储、分选、冷链、交易、物流等配套功能，打造集常山胡柚，衢枳壳产业发货、集散于一体的大型物流集散中心	常山县	2021—2025

（续）

序号	项目名称	建设内容	建设地点	建设时间（年）
11	招贤香柚湾	位于招贤镇象湖、山底等村，规划用地总面积 1 万亩，土地整治总规模约 6 500 亩。建设内容主要为：实施土地流转、土地整治，村庄景区化提升、水环境治理与美化、文旅产业等	常山县	2021—2024
12	常山胡柚酒生产基地	以常山胡柚为主要原料，计划年加工胡柚酒 12 000 t、胡柚醋酸饮料 30 000 t、胡柚白兰地 2 000 t、胡柚蜂蜜酒 6 000 t、柚香白酒 15 000 t 的农产品深加工产业基地	常山县	2021—2025
13	万亩胡柚高效节水工程	建设 5 万亩胡柚基地高效节水工程	常山县	2021—2025
14	底本红橘产业示范园	通过招商引资，与恒寿堂有限公司合作流转低丘缓坡 10 000 亩，种植底本红蜜橘，并建设 2 处采摘休闲基地	开化县	2023—2026
15	江山市高标准猕猴桃精品园基地建设	计划建设高标准猕猴桃设施栽培精品园示范基地 5 000 亩，建立猕猴桃智慧栽培、大棚避雨栽培，全面提升基地设施水平，降低生产成本，提升种植效益	江山市	2021—2025
16	中国南方猕猴桃集散中心	规划建筑面积 75 000 m^2，建设物资交易区、仓储区、快递物流服务区、电子商务区、气调冷库猕猴桃展示展销馆等，集成分拣包装、冷藏保鲜、仓储运输等冷链物流基础设施功能，提升猕猴桃等冷藏保鲜能力和冷链流通率	江山市	2020—2025
17	江山市水果深加工园区建设	建设以加工猕猴桃、柑橘为主的各种酒类、饮料、休闲食品、保健品等水果深加工工厂。用地 100 亩，建筑规模 3 万 m^2	江山市	2022—2025

（续）

序号	项目名称	建设内容	建设地点	建设时间（年）
18	江山市猕猴桃基地建设、提升	高标准猕猴桃种植基地 3 000 亩，其中建设避雨大棚 1 000 亩，以土壤改良、架式改造、水电路配套、机械配套等主要内容老基地提升改造 1 万亩	江山市	2020—2025
19	江山市柑橘基地建设、提升	高标准种植以红美人、葡萄柚、金秋糖橘、马家柚等新品种为主的柑橘基地 3 000 亩，新建柑橘大棚 1 500 亩，淘汰低效老橘园 3 000 亩，改造提升老橘园 1 万亩	江山市	2020—2025
20	江山市精品水果观光园区建设	建设 100 个猕猴桃、柑橘等水果观光、休闲、采摘园，每个园面积不少于 50 亩，包括基地设施、休闲设施建设	江山市	2020—2025
21	江山市水果科技园区建设	水果品种园，栽培模式示范园，水果研究院，果树科普园等，建设规模 200 亩	江山市	2021—2023
22	江山市水果产品质量放心基地建设	通过改土、改良品种、改善设施、改变病虫害防控措施等，建设猕猴桃、柑橘等水果绿色食品基地 50 个，面积 5 000 亩，通过绿色认证。配套相关水果产品质量控制设备	江山市	2020—2025
23	江山市水果产业品牌建设	通过媒体宣传、各类认证、注册商标、参加各类博览会等，打造一批区域知名水果品牌	江山市	2020—2025
24	全国“互联网+”农产品出村进城试点项目	计划打造全国“村播”标杆地，建设村播产业基地项目，建立柯城区柑橘产业化运营主体，建成和提升 50 个柑橘精品园、10 个柑橘数字化农场，建立柑橘全产业链标准体系，完善农业产业链，提供冷链物流、农业信息及时共享服务等公共服务，柑橘出口加工园、乡镇集散点设施改造提升	柯城区	2021—2025

（续）

序号	项目名称	建设内容	建设地点	建设时间（年）
25	香榧三产融合项目	累计建成香榧标准化基地 1 万亩，种苗繁育基地 1 000 亩，建成集香榧产品研发、精深加工、文化展示、商品物流于一体，三产融合、全产业链发展的香榧产业园 50 亩	常山县	2019—2027
26	柯城区柑橘小镇项目	坚持“以柑橘产业振兴为主导、以三产融合为手段、以数字化为支撑”的基本战略，深入推进集柑橘种质资源保护、无病毒苗木繁育、优新柑橘品种展示、高新技术示范推广、教育培训、休闲旅游、文化传承和柑橘大数据等八大功能于一体的全产业链数字化产业园建设，着力开展观光亭、观光廊桥、步道等橘子主题公园配套设施的建设。拟建设成阿里巴巴数字产业园，打造以橘子元素为主的网红打卡新地	柯城区	2021—2025

6.3　蔬菜和食用菌产业

6.3.1　发展方向

强化市场导向、政策引导、科技支撑、主体培育和品牌引领，以“保供应、保安全、促增收”为目标，稳面积，挖潜力，增效益，以放心菜园和蔬菜盒马村建设为抓手，大力推广新技术、新品种和新农作制度，建设一批蔬菜展示示范中心和规模工厂育苗供苗中心，积极引导农民调整产业结构，大力培育“互联网 +”等新型主体，实现蔬菜播种面积、总产量和总产值平稳增长，促进蔬菜产业高质量发展。

6.3.2 发展建议

一是发展数字农业，及时掌握生产动态。生产者存在盲目跟风种植蔬菜的问题，主要原因是因为无法获知蔬菜需求信息，从而导致信息不对称，为减少盲目种植现象发生，政府可牵头发展数字农业，加快农业信息化水平建设，利用物联网、大数据及人工智能助力传统农业向数字农业转型。为解决蔬菜生产、消费不对称问题，信息平台收集种植规模、价格、生产成本及可用性方面的数据，同时加强对大宗蔬菜产销形势的监测分析，及时发布预警信息，引导种植户和生产基地的科学种植，把握生产到流通的供需关系，加强基地和市场的产销衔接。

二是推广设施种植，提高设施蔬菜生产水平。发挥产业园、科技示范基地等平台作用，开展先进适用设施设备、专用品种和高效生产管理等技术，推广简易设施栽培，如小拱棚、拱棚、连栋大棚等设施，引导规模化生产基地进行设施化生产与信息化融合，利用环境自动调控、水肥一体化智能控制和作物生长信息监测等技术，降低生产成本。培育设施种植农机合作社、生产联合体等专业性组织，开展大棚建造、维护保养、机具租赁、种苗供应、作业托管和加工销售等社会化服务，以扩大设施蔬菜种植规模。

三是推进机械化生产，降低人工成本，提高产品品质。由于衢州特殊的地理环境，使得蔬菜种植地块较小，缺乏相应的生产机械设备。为进一步推进衢州市蔬菜生产机械化应用，探索适合衢州市蔬菜生产的农业机械及技术推广模式，保证食用菌高品质发展。要充分利用当地食用菌自然资源，给食用菌以适宜的栽培环境，避免品种的地域不适应性，降低设施管理的投入；借鉴先进技术与设施发展食用菌产业，学习其他地区和国家的技术经验，走出一条“低成本、低能耗、健康安全、高产优质高效”的地方食用菌可持续发展道路。

四是推动蔬菜和食用菌产业与其他产业融合进程，增加产品附加值。依托衢州的区域优势，积极拓展蔬菜产品加工和综合利用，大力研发推进蔬菜与食用菌产品在食品、药用、保健和化妆品等相关领域内的精深加工，实现蔬菜产品的高附加值，提升国内市场竞争力。鼓励蔬菜加工企业对特色蔬菜产品进行产品认证和商标注册，创建蔬菜产品衢州品牌。支持现有加工企业扩大规模，按照国际质量标准和准入要求规范加工行业生产标准，引入国内外蔬菜加工骨干企业，引进转化高新技术，提升衢州市蔬菜和食用菌加工行业整体工艺水平。

五是围绕自然资源禀赋和区域资源优势，加快发展蔬菜基地与食用菌基地的休闲观光产业，支持田园综合体、特色农村和特色蔬菜小镇等休闲特色农业项目的打造。构建丰富且多元化的休闲农业新体系，深挖当地独特的文化底蕴，将地域特色文化资源优势转变为经济优势，实现“以农带旅、以旅强农”的良性循环。重点建设有特色、大众参与的乡土民风和“种养加”等旅游项目产品，进一步构筑互补、互兴的休闲农业与乡村旅游协调发展新格局。着力开展现代化多元功能的“产业 + 休闲 + 旅游”建设。积极拓展蔬菜和食用菌产业基地多元收入来源，缓解经营成本压力，化解基地建设成本高、营不抵资的危机，实现蔬菜和食用菌产业基地可持续健康发展。

六是保护食用菌种质资源，促进品种多样化。良好的食用菌野生资源是食用菌产业发展的基础，我国具有丰富的食用菌种质资源，但随着食用菌生长环境被人为地大规模破坏，食用菌的种质资源正面临危机。合理开发利用野生资源，就地建立食用菌资源保护区，或者异地迁移至种质库等措施可使食用菌种质资源得到有效的保护。

6.3.3　发展目标

蔬菜播种面积稳步扩大，有机蔬菜、设施蔬菜种植不断发展，蔬菜绿色标准化水平、优良品种覆盖率不断提高，保障“菜篮子”有效供给和产品安全前提下，提高蔬菜生产效益和可持续发展能力。

到 2025 年，衢州市蔬菜播种面积稳定在 62 万亩，产量 120 万 t。“十四五”期间衢州市建设保障型蔬菜基地 3 万亩，建设高山（山地）蔬菜 4 万亩，建设 5 万亩高标准基地；建设蔬菜新技术、新品种展示示范基地 7 个，规模化工厂育苗供苗中心 10 个；创建特色蔬菜品牌 3～5 个；蔬菜产品合格率达到 99% 以上；支持规模物流配送企业公司 10 家，培育“互联网 +”等线上销售企业 10 家，电商新型主体 30 个以上。

到 2025 年，食用菌生产总量稳定在年产 3 亿袋左右，产量 10.7 万 t，食用菌产业链年产值达 10.5 亿元，建成一批食用菌科技示范园、特色园、观光园，推动食用菌产业规模化、多元化、品牌化发展（表 6-6，表 6-7）。

表 6-6　衢州市绿色蔬菜产业发展阶段性目标（2021—2025 年）

区县	年度	蔬菜播种面积（万亩）	蔬菜总产量（万 t）	设施蔬菜面积（万亩）	蔬菜优良品种覆盖率（%）
衢州市	2021	58.38	108.75	8.5	97
	2023	60.01	113.81	9.2	97
	2025	62.00	120.00	10.0	98
柯城区	2021	8.48	15.20	1.5	98
	2023	8.50	15.20	1.6	98
	2025	8.50	15.20	1.8	98
衢江区	2021	13.45	35.77	2.7	98
	2023	13.92	37.54	2.8	98
	2025	14.49	39.70	2.9	98
江山市	2021	13.76	25.54	2.2	98
	2023	14.26	27.30	2.4	98
	2025	14.91	29.44	2.5	98
常山县	2021	6.72	10.30	0.6	96
	2023	6.91	10.81	0.7	97
	2025	7.14	11.43	0.8	98
开化县	2021	8.14	9.71	0.6	96
	2023	8.37	10.15	0.7	97
	2025	8.65	10.68	0.8	98
龙游县	2021	7.83	12.23	0.9	98
	2023	8.05	12.84	1.0	98
	2025	8.32	13.58	1.2	98

表 6-7　衢州市食用菌产业发展阶段性目标（2021—2025 年）

区县	年度	食用菌总产量（万 t）	食用菌产值（亿元）
衢州市	2021	6.92	6.61
	2023	8.63	8.45
	2025	10.74	10.52

（续）

区县	年度	食用菌总产量（万 t）	食用菌产值（亿元）
柯城区	2021	0.09	0.05
	2023	0.1	0.06
	2025	0.11	0.07
衢江区	2021	0.57	0.51
	2023	0.7	0.64
	2025	0.86	0.8
江山市	2021	3.81	3.11
	2023	4.78	4.07
	2025	5.89	5.01
常山县	2021	1.1	1.33
	2023	1.35	1.67
	2025	1.67	2.09
开化县	2021	1.33	1.58
	2023	1.65	1.96
	2025	2.13	2.48
龙游县	2021	0.02	0.03
	2023	0.05	0.05
	2025	0.08	0.07

6.3.4　产业布局

蔬菜生产布局在衢江区、柯城区、龙游县、江山市、常山县和开化县，重点发展乡镇为衢江区杜泽镇、莲花镇、湖南镇，柯城区九华乡、七里乡、万田乡，龙游县詹家镇、小南海镇、横山镇，江山市凤林镇、虎山街道、双塔街道，常山县东案乡、天马街道，开化县何田乡、音坑乡等。

食用菌重点布局在江山市、常山县、开化县、衢江区，着力打造十大食用菌强镇：江山市双塔街道、虎山街道、石门镇，常山县金川街道、球川镇，开化县华埠镇、池淮镇、长虹乡，衢江区樟潭街道、后溪镇（图 6-3）。

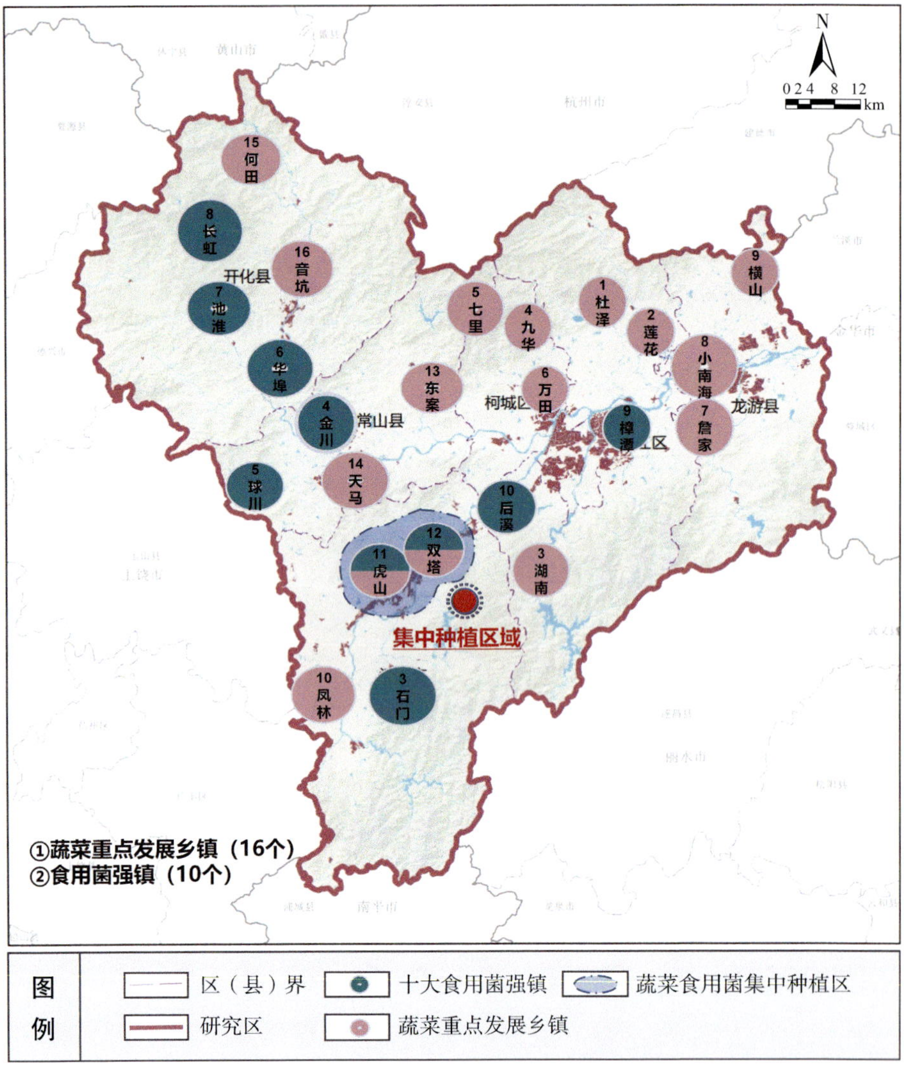

图 6-3 衢州市蔬菜和食用菌产业空间布局

6.3.5 重点工作任务

（1）保障型蔬菜基地建设

强调蔬菜应急保障供应能力，具有在蔬菜供应淡季、重大节假日及遭遇自然灾害等特殊情况时，应急保障城镇蔬菜供应的功能。全市需建设保障型蔬菜基地 3 万亩，按照合理布局、逐年推进的原则，建设一批基础设施生产条件良好、蔬菜应急保障供应能力强的常年蔬菜生产基地，力争 5 年内完成建设任务。

（2）新品种新技术示范中心与产业园区建设

建立新品种新技术示范中心、示范农场、示范基地和示范园的多层次示范体系，通过展示示范、科技培训、专家帮扶等形式，加大新品种、新技术示范推广力度，提高蔬菜良种覆盖率。加快推广集约化数字化育苗、病虫害绿色防控、科学精准施肥、智能化管理、轻简化栽培等绿色高质高效技术和高效生态模式，提高劳动效率、产品质量和基地效益，增强产业竞争力。五年内建设新品种、新技术示范中心 7 个，蔬菜育苗供苗中心 10 个。其中常规大宗蔬菜品种育苗供苗中心 6～7 家，全市规模主导特色品种专业育苗供苗中心 3～4 家，包括辣椒等茄科类蔬菜、西甜瓜和茭白、莲子（藕）等水生蔬菜等育苗供苗中心。

鼓励和支持有条件的县（市、区），统筹整合资源要素，加大食用菌产业园区（基地）建设力度。加强配套的生产运输便道、供水管网、供电设施、采后预冷库、保鲜库、废菌渣资源化利用等设施建设，提升食用菌产业园区的软硬实力。重点支持开化县华埠镇金针菇园区、江山市石门镇食用菌示范园、常山县食用菌综合科技园等传统园区改造提升，做大做强衢江区猪肚菇产业园、江山市长台镇金针菇科技园、常山县猴头菇科技园等新兴园区，打造食用菌产业发展的主战场、主平台。

（3）精品基地放心菜园盒马村建设

在积极做好本地城乡居民基本供应时，发挥衢州自然生态优势和山水资源，运用生态循环技术，推广绿色防控技术，实施放心菜园建设，发展精品优质蔬菜生产，对焦盒马鲜生等蔬菜标准，抢占城市中高端市场，成为长三角的后菜园。先期规划建设衢江区为核心的杜泽莲花万亩水生蔬菜基地和富里万亩果蔬基地，五年内计划再建辣椒基地、西甜瓜基地、生姜基地、高山蔬菜基地等，规划建设 4 万亩高山蔬菜基地、5 万亩高标准精品蔬菜基地。

（4）推进三产融合，发展精深加工

推进食用菌产业与全域旅游、乡村旅游深度融合，大力开发食用菌观光、体验、餐饮、旅游购物、休闲养生等新业态。积极打造集研发、生产加工、观光旅游为一体的食用菌产业园，实现农业、加工业、旅游业三产贯通，增加产业效益。大力拓展产业功能，发展体验农业、创意农业和精致农业，延伸食用菌产业链。

大力推进食用菌产品以鲜品为主，向鲜品和加工品并重发展转变。鼓励企业加大精深加工研发力度，研发新产品，扩展生产线。加强猴头菇原料高消耗型深加工产品开发，争取猴头菇多糖提取项目落地投产。改善食用菌加工、包装等设施装备条件，积极开发食用菌预制菜肴、功能性食品、休闲食品等精加工产品。

（5）品质提升，品牌培育

坚持产管并举，加强对产业安全生产管理，强化蔬菜生产投入品使用管理，确保产品质量安全。充分利用和发挥衢州大花园的自然生态和资源等优势，开展有机、绿色认证和农业农村部农产品地理标志登记，扩大认证基地规模。完善从田间到餐桌的质量可追溯体系，推广农产品合格证，促进蔬菜质量安全水平的提升，全市抽检合格率达 99% 以上。加快实施蔬菜品牌战略，推进标准化、精品化、品牌化发展，建设一批衢州蔬菜品牌。支持农业经营主体参加农博会、果蔬精品展销会、精品瓜果和草莓评比评选，适时筹办衢州市精品西瓜和草莓评选活动，提高衢州蔬菜瓜果市场知名度。利用衢通四省的区位优势和水陆空一体化交通便捷优势，利用农商城、农贸城的集聚流通辐射作用，不断开拓市场，提高市场占有率。重视已注册商标和品牌发挥品牌效应，支持农业经营主体积极使用商标，促进有品牌商标的蔬菜瓜果实现优质优价。培育区域公用品牌，开展农产品地理标志登记，实行共建共享。

加强“江山白菇”“常山猴头菇”“开化黑木耳”等国家地理标志产品保护和宣传，着力打响区域公用品牌。鼓励和支持企业建立直销、专卖店、代理、电子商务等销售网络，缩短中间环节，减少交易成本。鼓励企业参加中国农交会、浙江农博会等展示展销活动，不断提高企业知名度。

（6）培育龙头企业

坚持内培外引双管齐下，培育壮大食用菌产业龙头企业。一方面，鼓励本地企业通过兼并重组、合作经营、订单生产等方式，优势互补，降低生产成本，提高市场竞争力。另一方面，加大食用菌产业招商引资力度，着力引进一批省内外有实力的食用菌企业入驻园区，充分融合技术和市场优势，提升园区的辐射带动能力。

6.3.6　重点项目与投资

重点建设蔬菜集散中心、蔬菜生态产业园、食用菌智慧产业园等 13 个项目（表 6–8）。

表 6–8　优质高效蔬菜和食用菌产业重大项目建设清单

序号	项目名称	建设内容	建设地点	建设时间（年）
1	保障型蔬菜基地建设	建设保障型蔬菜基地 30 000 亩	衢州市各县（市、区）	2021—2025
2	盒马村阿里数字农业示范区建设项目	谋划建设和提升富里万亩果蔬种植基地、杜泽万亩水生蔬菜产业园和莲花镇现代农业园区三大基地，培育杜泽茭白、衢江莲藕、衢椒一号等蔬菜产业优势区。做好“杜泽茭白”、小皇姜、食用笋等地理商标创建和知识产权申报，打响衢江农业区域品牌。规划建设“盒马村”产地仓，接入盒马鲜生线上线下、直采直销订单系统，推广农业订单基地	上海盒马网络科技公司、衢江区	2021—2025
3	常山县食用菌科技产业园建设	拟改建提升现有厂房 21 000 m^2，新建标准化连栋大棚 2 000 m^2，主要包括科研中心、生产中心、加工中心、新技术孵化中心、文旅中心、仓储物流中心、原辅材料交易中心、办公区，配套改建管理用房等附属设施，建成集食用菌生产、研发、精深加工、技术推广、文旅为一体的食用菌产业综合体	常山县	2020—2024
4	千亩有机雪藕提升培育项目	新扩建“太泰”藕粉面系列产品生产车间，带动石门镇周边农户发展有机雪藕 1 000 亩	江山市	2020—2022
5	千亩高山辣椒特色基地建设项目	重点在碗窑水库、白水坑水库周边的张村、塘岭、碗窑、塘源口等乡镇跨村、跨乡镇建设高山特色辣椒优势带，调整优化品种结构，组织相对集中连片生产，形成“一乡一品，几乡一品”的千亩特辣、特优、上市期特别的特色辣椒基地	江山市	2020—2022

（续）

序号	项目名称	建设内容	建设地点	建设时间（年）
6	千亩休闲蔬菜生产基地建设项目	依托江山如画公司、绿然腾家庭农场等市内知名休闲观光农业企业，继续发展观赏葫芦、观赏南瓜、迷你黄瓜、造型甜瓜、迷你番茄等休闲采摘蔬菜产业，种植规模 1 500 亩	江山市	2020—2022
7	千万元产值蔬菜加工企业引进培育项目	新建或改建蔬菜加工企业 1～3 家，并通过 3～5 年发展，成长为年产值 2 000 万元以上、年利税 200 万元以上的中型蔬菜加工企业	江山市	2020—2023
8	千名蔬菜骨干人员素质提升工程建设项目	开展专业技术培训，使全市 1 000 名蔬菜骨干人员的技术水平和专业素质得到有效、有序提升，使之能完全适应蔬菜产业发展要求	江山市	2020—2025
9	江山市食用菌一三产融合发展	日产 30 万瓶（日产量 100 t）金针菇生产区，日接待量 2 000 人次的科普生产体验区、产品展示区及美食服务区	江山市	2021—2025
10	食用菌智慧产业园	日产 60 t 智能工厂化金针菇生产线，并配套数字电商、产品展示、菌菇科普、菌菇美食、菌渣处理等综合性食用菌园区，项目总用地 200～300 亩，其中建设用地 30 亩	江山市	2020—2024
11	智能工厂化食用菌菇旅融合	建设生产车间、出菇房、仓库、办公场所、美食品尝区、产品展示区、菌菇文化博物馆等新增建筑面积 13 500 m^2，形成年接待游客 2 万人次，开展中小学生科普教育 3 000 人次，年产 8 000 t 的工厂化食用菌生产能力	江山市	2020—2023
12	龙游有机蔬菜集散中心	规划用地 20 亩，主要建设蔬菜冷链储运设施，配套建设 5 万亩鲜食大豆等蔬菜生产基地	龙游县	2020—2024

（续）

序号	项目名称	建设内容	建设地点	建设时间（年）
13	龙游县悯农生态产业园	规划面积 2 km^2，主要建设蔬菜核心种植区 3 500 亩，农产品加工园区及配送中心用地 26 370 m^2	龙游县省级现代农业园区，龙游城东农批市场南侧	2021—2022

6.4　中药材产业

6.4.1　发展方向

以中药材“道地、安全、有效、经济”为要求，进一步提升衢州市中药材产业发展环境，推动衢州市中药材产业高质量发展，助力打造“美丽富民经济，幸福健康产业”。建立健全中药材质量全程可追溯体系，加强风险源头管控，推进中药材种植及初加工标准化、规范化、规模化、产业化、智能化、品牌化发展，实现产业增效、药农增收的总体目标。

6.4.2　发展建议

一是加大药材种植技术研发的投入力度，合理采收中药材。以科技工作者的理论知识为优势，重点解决种植户在药材种植过程中遇到的困难。同时培养药材种植科技推广工作者，深入各种植农户家中，普及科学种植知识，提高科学种植素养，解决药材种植过程中的实际问题，提高种植户的收入。在中药材采收中要充分考虑气候、温度、土壤等影响因素。不同中药材的采收时机有所不同，要根据其自身生长的特性，在最佳的时间采收。

二是科学规划药材种植品种。中药材的种植要合理配置资源和选择品种，要以市场为导向，以区域为特色，集中种植市场前景好、品种优势突出的中药材，形成地方中药材种植的拳头产品。建立健全集药材种植和科技推广为一体的多功能中药材种植示范基地，服务于地方药材发展和经济建设。将中药材生产与扶贫、健康养老等相结合，弘扬中医药传统文化，发展中药材种植新模式。

三是强化生产基地标准化、规模化建设。严格按照《中药材生产质量管理规范（GAP）》进行生产，依托科研院所、高校、农业技术推广部门，加强栽培技术研究，开展关键技术集成、试验和示范，制定并推行相关品种的生产技术标准，抓好标准化生产示范点建设，集中开展新型栽培模式、机械化采收、病虫害绿色防控等先进技术的示范推广力度，切实做到良种良法配套，推动中药材种植、采收加工、储藏运输等标准化管理，实现标准化生产，保证中药材品质。优化中药材种植区域布局，探索实行订单化生产，通过土地流转等有效方式，加速发展“企业 + 合作社 + 基地 + 农户”等产业化经营模式，积极推广“粮食 + 中药材”“经果林 + 中药材”等间作模式，实现中药材规模化、标准化生产，提高经济效益。

6.4.3 发展目标

到 2025 年，建立以“衢六味”及 6 个重点推广品种（6+6）为主的道地中药材标准园 40 家，培育 10 个道地中药材的种子种苗繁育基地，提升 6 家集产地加工一体的中药材加工龙头企业；培育打造开化县马金镇等 6 个中药材特色强镇（中药材特色产业优势区），培育打造衢枳壳、衢陈皮、白花蛇舌草、猴头菇、白及、黄精 6 个“浙产好药”产品品牌，申报 5 个国家道地药材地理登记保护产品，培育提升“衢六味”区域公用品牌的知名度和美誉度；构建“中药材 +”融合发展格局，推进食药物质产业发展，培育一批当地特色的食药物质（药膳）产品，培育提升 10 家中药材（中医药）科普宣传展示基地，推进中药材产业融合发展；聚焦制约产业发展的技术难题和瓶颈问题，以产业技术团队为依托，开展科技创新、标准制定、培训指导和示范推广；稳定发展中药材产业种植面积 10 万亩，力争每年产值递增 15%，到 2025 年中药材产业产值达 15 亿元（表 6-9）。

表 6-9　衢州市中药材产业发展阶段性目标（2021—2025 年）

区县	年度	中药材种植面积（亩）	中药材产量（t）
衢州市	2021	54 450	22 104
	2023	73 500	28 735
	2025	100 000	35 366
柯城区	2021	4 515	1 498
	2023	6 000	1 947
	2025	8 500	2 397
衢江区	2021	22 935	9 166
	2023	32 000	11 916
	2025	43 000	14 666
江山市	2021	5 145	2 592
	2023	6 000	3 370
	2025	8 500	4 147
常山县	2021	4 395	1 738
	2023	5 500	2 259
	2025	7 500	2 781
开化县	2021	4 995	1 118
	2023	6 000	1 453
	2025	8 500	1 789
龙游县	2021	12 465	5 992
	2023	18 000	7 790
	2025	24 000	9 587

6.4.4　产业布局

围绕道地中药材的全产业链布局，重点推进道地药园的标准化建设、一二三产深度融合，打造高标准的中药材产业集群。形成柯城区以九华康养药园和种子种苗育繁推一体为建设重点；衢江区以陈皮产业和衢南衢北山区三叶青、白及、白花蛇舌草的道地药园为建设重点；龙游县以黄精、莲子的全产业链为建设重点；江山市以黄精、白及、葛根的全产业链和贺村的中药材初加工共享基地为建设重点；常山县以青石、球川、招贤、大桥、东案等地的衢枳壳全产业链为建设重点；开化县以菊花、白花蛇舌草的全产业链和全省最大的中草药示范园区为建设重点的产业布局（图 6-4）。

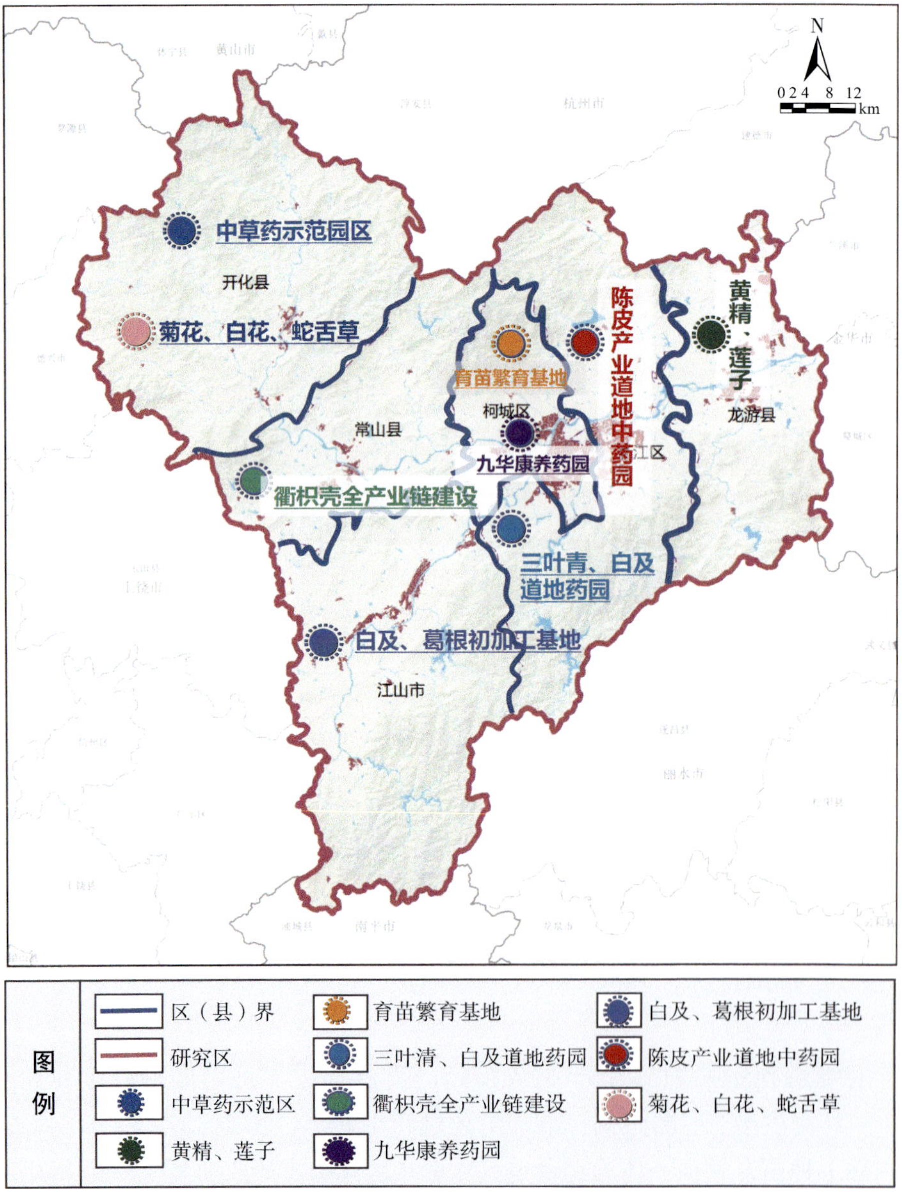

图 6-4　衢州市中药材产业空间布局

6.4.5　重点工作任务

（1）支持中药材品质提升

强化种质资源保护开发。扶持建立标准化中药材种子种苗繁育中心，计划 3 年内打造以“衢六味”及 6 个重点推广品种（6+6）为主的地产中药材优质标准化种质资源圃（种质资源展示中心）、育种研发中心。培育发展一批种子种苗繁育基地，增强综合服务能力。

推广标准化生态种植。结合产业大数据平台建设，在全市范围建设全产业链溯源系统，实现从种苗源头到规范种植，逐步建立质量可追溯体系。大力扶持道地中药材标准园建设（GAP），开展中药材种植农药、化肥零增长行动，积极探索推广“林下套种黄精”等林下经济立体复合生态循环种植新模式，大力推广无烟草木灰技术。计划建成道地中药材标准园 40 个以上，规模化生态种植覆盖率达 90% 以上。

（2）推动中药材品牌发展

打造道地中药材衢州标准。培育打造开化县马金镇等 6 个中药材特色特强镇（中药材特色产业优势区）。开展道地药材的高品质生产标准化、规范化研究，以及全产业链提升研究。不断完善技术工艺、装备设施水平以及加工产品质量规范，引领衢州市中药材行业品质与标准的不断提升。制定并颁布《国家地理标志产品》等多项省级 / 地方标准，制定多项联盟标准，提升产品的市场竞争力。全力打造以“衢六味”及 6 个重点推广品种（6+6）为主的生产技术规程以及初加工工艺规程，让“衢州标准”成为衢州中药材产业的免检名片。

推进“衢六味”公用品牌建设。加强部门合作，抓紧完成“衢六味”商标使用授权落地，提高中药材加工能力和水平，提升产品附加值。同时加强衢州中药材的全媒体宣传，以“互联网 +”的思维，加强产品的线上线下推广，拓展衢产中药材的市场占有率，不断提高“衢六味”品牌的知名度与影响力。

（3）培育中药材初加工龙头企业

扶持企业建立全产业链体系。鼓励建设初加工体系，引导企业在中药材清洗、加工、烘干、包装等各个环节提升工艺，推动机械化、自动化设备广泛应用，大力推广中药材 GMP 模式。通过培育中药材初加工龙头企业进行标准化加工来提高和保障中药材的质量，创建技术共享、渠道共享、标准共享的新型

“共享工厂”来提升中药材的附加值。计划提升6家集产地加工于一体的中药材加工龙头企业。

（4）构建“中药材+”融合发展格局

推进食药物质产业发展。培育一批当地特色的食药物质（药膳）产品，培育提升10家中药材（中医药）科普宣传展示基地，推进中药材产业融合发展；聚焦制约产业发展的技术难题和瓶颈问题，以产业技术团队为依托，开展科技创新、标准制定、培训指导和示范推广。

6.4.6 重点项目与投资

重点建设中药材生态栽培示范基地、中药材物流交易中心建设、中草药田园综合体项目等22个项目（表6-10）。

表6-10 优质高效中药材产业重大项目建设清单

序号	项目名称	建设内容	建设地点	建设时间（年）
1	中药材野生资源保护开发	通过原地保护或异地保护，保护江山道地药材和濒危珍稀药材野生种质资源；建设中药材种质资源圃，收集和保存浙江省道地药材、濒危珍稀药材和中药材育成新品种，为新品种选育提供材料；通过抚育补种等措施开发仿生栽培中药材基地	江山市	2020—2021
2	优良种子种苗标准化繁育示范基地建设	研究江山道地药材和濒危珍稀药材（黄精、白及等）良种快繁技术，制定良种繁育技术规程，建立良种繁育基地，为江山市提供优良种子种苗	江山市	2020—2021
3	林下中药材生态栽培示范基地	利用江山市丰富的毛竹林、猕猴桃、板栗、杉木林等大力发展竹林下种植黄精、白及等	江山市	2020—2025
4	药光互补标准化栽培示范	针对江山近10 000亩光伏基地，利用药光互补，大力发展光伏板下中药材，重点发展阴生植物黄精、白及等	江山市	2020—2025

（续）

序号	项目名称	建设内容	建设地点	建设时间（年）
5	中药材 GAP、绿色示范栽培技术研究推广及示范基地建设	以江山道地药材为主要种植品种，完善田间生产道路、水利等基础设施，示范推广中药材标准化生产技术。开展规范化操作培训，提高药农的科学素质，促进中药材种植生产的规范化，力争通过新版 GAP 中药材栽培基地验收。全面推广绿化标准化栽培技术，在全省率先实现全市主栽中药材绿色化	江山市	2020—2025
6	柑橘类中药材产业实施项目	利用老橘区的技术，老橘园转型提升为衢枳壳、玳玳果等中药材产地	江山市	2020—2023
7	黄精种植和加工	黄精种植面积达到 2 000 亩（其中园地水利设施 1 500 亩），培育黄精初加工户 3 家，精加工户 1 家	江山市	2020—2025
8	主栽品种药材初加工示范基地建设	合理支持黄精、白及等主栽品种药材实现基地初加工	江山市	2021—2022
9	中药材精深加工示范基地建设	引进培育以江山道地药材深加工、传统中成药开发为重点的中药饮片加工、中药制药、中药保健食品、中药康养产品等中药类相关企业，健全中药工业产业体系。大力支持相关重点企业的创新发展，培育壮大一批中药加工企业，加快中药产业集聚规模效应	江山市	2021—2024
10	开化县中医药产业链开发建设项目	打造全草类药材生产线一条，新上药食同源保健食品生产线两条，药食同源品种生产基地一个 300 亩，规范化种子种苗基地 100 亩，浙西特色中药材产地加工、仓储基地，建立全草类药材“共享车间”、浙西特色中药材标准体系研究及追溯系统	开化县	2021—2025

（续）

序号	项目名称	建设内容	建设地点	建设时间（年）
11	中药材物流交易中心建设	配套完善交易市场硬件设施，完善仓储设施、质量检验、电子商务、追溯体系和现代物流配送等，探索“互联网＋中药材”新型商业模式，加快信息技术平台建设，提高服务水平	江山市	2021—2023
12	中药材产业科技创新中心平台建设	建设公用检验、检测、科技研发的科技创新中心平台，提高快速检测能力；鼓励中药企业，加大技改投入，引进高层次人才，加大研发投入，研制开发以江山道地药材为主要原料的中药新药、保健品及功能性食品、美肤品，特别是以黄精、白及等为原料的新产品；加快药食两用中药材的精深加工，重点开发以药食两用药材为原料的旅游产品	江山市	2021—2024
13	大街神农谷中草药田园综合体项目	规划面积约 4 000 亩，主要建设中药材种植基地、创意农业示范区、储存仓库、生态农产品加工区、农业科技研究院、中草药文化博览园、人文景观风景带等内容	龙游县	2020—2025
14	“天池药谷”智慧数字中药示范产业园项目	建设种植基地、中药博物馆、初加工中心、研学基地“百药园”、数字化管理系统等内容，打造“基地＋合作社＋农户”形式发展的示范产业园	龙游县	2020—2025
15	江山市“药食两用”药材产业园建设	计划建设“药食两用”药材生产基地 10 000 余亩，拟规划种植黄精、葛根、山药、生姜、薏米等约 10 000 亩，新建“药食两用”药材研学基地 2 个，设施大棚面积 20 亩，初加工基地 1 个，深加工基地和三产融合养生观光园 1 个，工业旅游基地 1 个	江山市各主体基地	2021—2025

（续）

序号	项目名称	建设内容	建设地点	建设时间（年）
16	龙游县神农谷中草药田园综合体	以中草药种植为主导，集旅游观光、农民培训、中医康养、高端民宿为一体的大型农文旅产业园	浙江龙游大攸中草药有限公司	2018—2023
17	柯城区九华衢六味康养药博园田园综合体项目	规划面积 2 200 亩，其中土地开发面积约 1 300 亩，重点集聚中医特色民宿、药材观光、中医药保健养生、中医药科普教育、农民创业基地、健康旅游、运动休闲、养老养生为一体的田园综合体项目	浙江早椿农业开发有限公司	2021—2023
18	开化县特色农产品示范基地项目	建设铁皮石斛仿野生种植基地 800 亩，构建农业物联网追溯系统，发展铁皮石斛种源基地 35 亩；建设铁皮石斛加工中心 1 500 m^2，中医药研学科普体验园 20 亩，休闲康养体验展示中心 800 m^2；建设铁皮石斛品牌直营店 10 家	开化县	2021—2023
19	“中药材 +”三产融合示范建设	建设“百草园”中药材观光园，收集中药材，根据中药材生长特点、观赏性、中药文化等进行规划，并建立相关配套设施；加快中药材与中医药文化、观光、休闲旅游和健康养生等融合，扶持建立以中医药为主题的休闲旅游及健康养生旅游基地，推进药旅融合	江山市	2021—2023
20	仿野生药材三产融合基地建设	建设 20 万亩仿野生（林下）药材种植基地，结合全域旅游建设包含中药材初加工基地及深加工基地的中药材三产融合养生观光园 2 个，工业旅游基地 1 个	江山市	2021—2025
21	品牌建设	加大品牌建设与宣传，统筹安排政府品牌建设扶持资金，每年举办中药产业高峰论坛或其他节会，鼓励企业加大品牌投入，打造“江山”字号区域公共品牌和企业自有品牌	江山市	2020—2025

（续）

序号	项目名称	建设内容	建设地点	建设时间（年）
22	“衢六味”道地中药材区域品牌建设	围绕“衢六味”入选品种（衢枳壳、白及、陈皮、猴头菇、白花蛇舌草、黄精6味中药材品种）以及重点培育品种，建设规模化、标准化“衢六味”种植基地，制定“衢六味”基地认定标准、中药材标准、种植栽培技术标准，将“衢六味”打造为衢州市中药材产业高质量发展的一张金名片	全市各县（市、区）	2019—2025

6.5 畜禽养殖业

6.5.1 发展方向

立足守牢底线促转型、优化结构补短板、创新机制激活力，以畜禽产业供给侧结构性改革为导向，做好生猪增产保供、非洲猪瘟等重大动物疫病防控、畜禽粪污资源化利用等工作，推进畜禽产业绿色高质量发展，助力实现共同富裕。

6.5.2 发展建议

一是积极做好保种工作，增产保供稳价，加快产业转型提升。衢州市目前主要的禽肉来源主要是黄羽肉鸡。为促进衢州市家禽生产高质量优化发展，需要加强种禽场的建设，尤其是地方品种保种场的稳定发展。同时，生猪养殖要紧盯年度目标，明确措施路径，要加快形成新增产能，对新建、扩建养殖场项目，要点对点协调解决好各类问题，实现复工又复产，加快工程建设进度，努力把失去的时间抢回来。对中小空栏场，要鼓励引导中小养殖场户整合做强，支持新希望、双胞胎、大北农等一批集团企业通过收购、租赁、技术合作等方式，尽快实现科学复养，并推动生猪养殖转型升级和适度规模发展。

二是严防死守抓牢非洲猪瘟防控。在生猪养殖方面全面推进区域性生物安全体系构建，健全防控体系，筑牢安全底线督促畜牧主产县（市、区）开展区域性生物安全隔离区建设试点，推广重点区域“3+1”消毒模式，协调推进区域性规范化车辆洗消烘干中心建设，加快无害化处理中心、屠宰场等重点场所配套洗消烘干设施。要强化兽医实验室监测体系能力建设，从严加强对“点对点”调入前备案、入境查验、落地报告等调运制度的执行和监管，严格落实产地检疫、屠宰检疫程序，持续保持高压态势，坚决打击非法调运、违规补栏、私屠滥宰等违法违规行为，防范疫情传入蔓延。

三是发展生态美丽牧场，绿色循环推动产业高质量发展。为了缓解家禽养殖场与环保、美丽乡村建设之间的矛盾，需积极引导养殖场主体开展生态美丽牧场建设，主动提升畜禽粪便处理能力，改善臭气养殖环境，积极融入美丽乡村建设，建设一批生态绿色美丽的家禽养殖场。加快构建生猪现代化生产体系，坚持绿色化、循环化、突出规模化、数字化，实现基地化、标准化。坚决走规模化科学养殖的新路、不走散养污染环境的老路，持续深化转型升级，鼓励实施多层楼房养殖，实现节约集约用地，支持工业化生态化粪污处理，实现资源化利用和生态绿色循环，推动生猪产业高质量发展。

6.5.3　发展目标

坚持标准化、绿色化、规模化、循环化、数字化、基地化，推动产业高质高效发展，衢州市生猪年出栏量达到 180 万头，家禽出栏量 4 900 万羽，产值分别达到 60 亿元和 9 亿元（表 6-11）。

表 6-11　衢州市畜禽养殖产业发展阶段性目标（2021—2025 年）

区县	年度	畜牧业产值（亿元）	生猪出栏量（万头）	家禽出栏量（万羽）
衢州市	2021	49.30	90.45	3 653.29
	2023	64.92	140.00	4 209.68
	2025	84.00	180.00	4 900.00

（续）

区县	年度	畜牧业产值（亿元）	生猪出栏量（万头）	家禽出栏量（万羽）
柯城区	2021	0.85	1.49	38.00
	2023	0.85	1.49	38.00
	2025	0.85	1.50	38.00
衢江区	2021	7.92	12.87	240.29
	2023	9.98	19.97	277.27
	2025	12.50	22.00	322.47
江山市	2021	17.53	17.77	1 508.00
	2023	22.24	27.60	1 740.08
	2025	28.00	38.00	2 023.74
常山县	2021	2.37	4.32	278.80
	2023	3.55	6.70	321.71
	2025	5.00	9.50	374.15
开化县	2021	4.01	7.87	51.52
	2023	5.65	12.21	59.45
	2025	7.65	16.50	69.14
龙游县	2021	16.61	46.14	1 536.68
	2023	22.64	71.98	1 773.18
	2025	30.00	92.50	2 062.22

6.5.4 产业布局

衢州市生猪养殖以衢江区、龙游县、江山市为主，重点集中在衢江区莲花镇、杜泽镇、全旺镇，龙游县小南海镇、湖镇镇、模环乡、詹家镇、塔石镇、横山镇和江山市贺村镇、大桥镇、峡口镇等乡镇。家禽养殖以龙游县、江山市为主，重点集中在龙游县的横山镇、模环乡、湖镇镇，江山市的贺村镇、大桥镇、凤林镇、清湖镇、坛石镇、衢江区的莲花镇和常山县的白石镇等乡镇（图 6-5）。

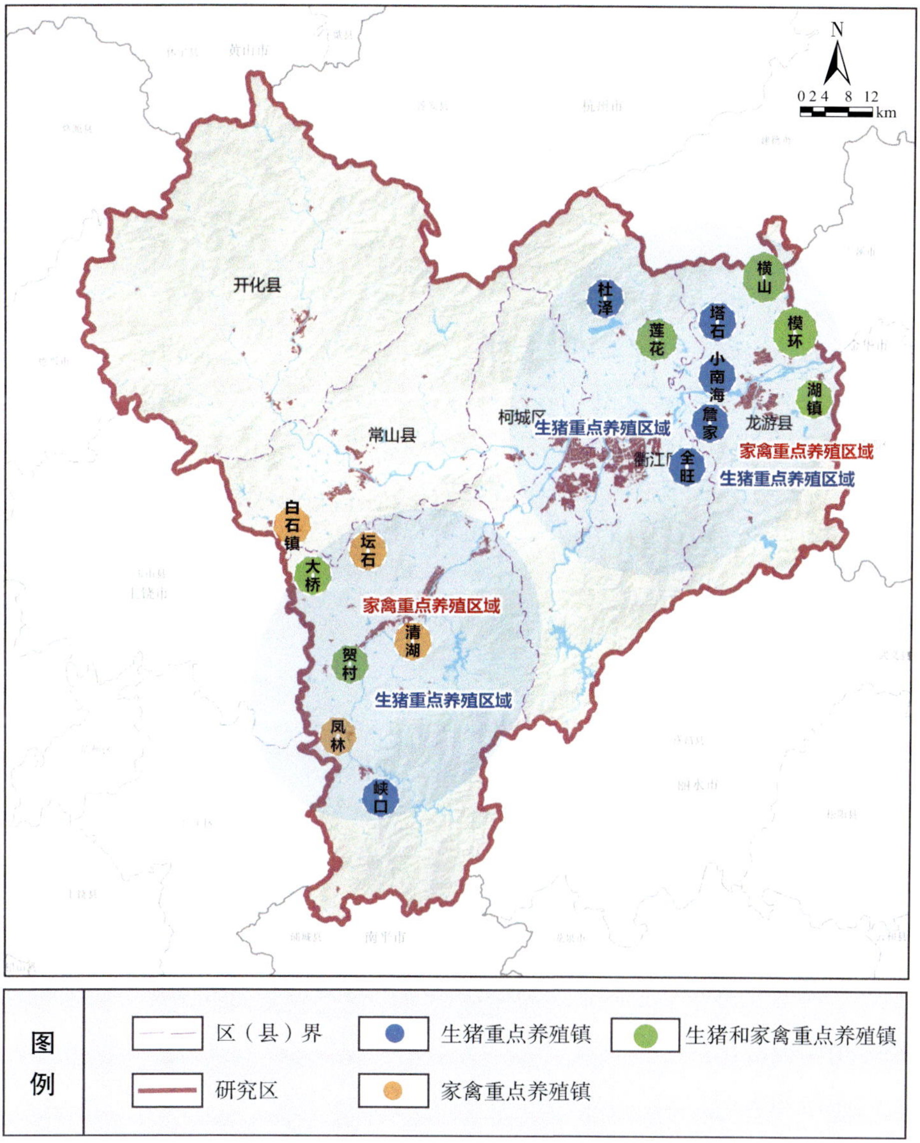

图 6-5　衢州市畜禽养殖产业空间布局

6.5.5　重点工作任务

（1）聚焦高质高效，全力做好生猪增产保供

持续推进生猪产业高质高效发展，构建“布局合理、绿色安全、优质高

效、环境友好、产销协调”的生猪产业格局，培育10个年出栏10万头以上的现代化猪场（养殖基地），30个万头以上规模猪场。支持以整合、收购、合作等形式实施“以大带小”模式的整合改造，推动中小养殖场户转型升级。以数字牧场建设为重点，加快推进畜牧产业的数字化转型。推进衢江区生猪全产业链集成改革，补齐肉产品深加工短板，推动全产业链发展。

（2）聚焦安全优质，大力发展特色精品畜牧

以龙游年出栏400万羽肉鸡的士元现代化养殖小区、衢江区年出栏300万羽的温科养殖有限公司和江山市存栏80万羽蛋鸡的汇农生态示范园区等项目为重点，推动家禽产业转型升级；鼓励发展无抗鸡养殖，提升肉鸡品质；以江山华欣牧业、常山华成牧业等项目为重点，推进湖羊产业发展壮大，鼓励湖羊、奶牛养殖主体积极探索牧旅融合发展道路。实施龙游麻鸡、龙游乌猪、江山白毛乌骨鸡、江山白鹅、江山乌猪等畜禽地方品种保护开发，进一步优化产业结构。推进生猪屠宰厂标准化创建，鼓励屠宰企业创建自有品牌并自建冷链配送销售体系，开展冷鲜肉品配送，培育养殖、屠宰、销售全产业链一体化经营的龙头屠宰企业。

（3）聚焦绿色生态，不断提升畜禽粪污资源化利用水平

持续推进种养循环体系构建，提高畜禽粪污综合利用水平，形成农牧有机结合、资源充分利用的可持续发展新格局，生猪规模养殖场全部完成生态化、发酵床或“工业化＋生态化＋发酵床”等模式治理，畜禽规模养殖场治污设施装备率达100%，畜禽粪污综合利用率稳定在98%左右。开展农业碳中和试点，探索建立农业碳账户，完善农业碳中和路径与测算评估体系。推进“饲料环保化、兽药减量化”工作，全面完成全市生猪、家禽、奶牛等主要畜禽品种规模养殖的减量化目标。

（4）聚焦生物安全，加快健全重大动物疫病防控体系

加强防疫队伍建设，贯彻落实新修订的《中华人民共和国动物防疫法》和《浙江省动物防疫条例》，建立健全动物疫病防控机构和人员配备，完善基础动物疫病防控网格管理。加快对市县两级的兽医实验室提升改造，力争市本级建成四省边际中心动物实验室，提升重大动物疫病检测监测预警能力。健全运输车辆洗消烘干中心运营机制，推广动物疫病强制免疫“先打后补”，开展关键节点环境消杀行动。开展非洲猪瘟无疫小区建设，坚持“监测预防、主动净化、精准扑杀”的原则，推进大中型规模生猪养殖场的非洲猪瘟无疫小区建

设。强化动物防疫的监督执法，落实以屠宰企业“两项制度”为关键，以检验检疫、无害化处理为重点规范行业行为。

6.5.6　重点项目与投资

重点建设地方品种保种项目、地方畜禽遗传资源保护、现代化畜禽养殖、废弃物资源化综合利用等 21 个项目（表 6-12）。

表 6-12　优质高效畜禽养殖业重大项目建设清单

序号	项目名称	建设内容	建设地点	建设时间（年）
1	地方品种保种项目	通过以奖代补的方式，扶持本地地方品种保种建设和产业发展，主要涉及龙游乌猪、龙游麻鸡、江山乌猪、江山白耳黄鸡、江山白毛乌骨鸡、江山白鹅、中华蜜蜂、浙江浆蜂等衢州地方品种。按照每个保种场 30 万元的补助，连补 5 年的方式进行保种和产业扶持	全市各县（市、区）	2021—2025
2	地方畜禽遗传资源保护开发项目	以龙游乌猪、龙游麻鸡、江山乌猪、江山白耳黄鸡、江山白毛乌骨鸡、江山白鹅等衢州地方品种为重点，加强地方畜禽遗传资源的保护扶持和开发利用	全市各县（市、区）	2021—2025
3	畜牧业绿色发展示范创建	严格落实“一场一方案”治理措施，规模猪场和水禽场全部完成生态消纳治理、发酵床治理或“工业＋生态＋发酵床”三选一治理，进一步扩大“龙游开启模式”“常山大公模式”“江山石明模式”等大、中、小生态循环模式覆盖面，实现畜禽养殖与生态环境的高度匹配，全力打造畜禽排泄物资源化高效利用“升级版”。2022 年，建设畜牧业绿色发展示范县 6 个	全市各县（市、区）	2019—2022

（续）

序号	项目名称	建设内容	建设地点	建设时间（年）
4	生猪标准化规模养殖场（小区）建设项目	改造提升畜禽养殖栏舍、防疫设施、粪污处理设施、资源化利用设施和智慧畜牧信息监控设备	江山市	2020—2025
5	龙游县衢州温氏畜牧有限公司现代化家禽养殖项目	建设占地400亩的现代化种鸡场和占地300亩的现代化高效养殖小区，达到年投苗6 200万羽养殖能力	龙游县	2021—2023
6	龙游县宏泰食品有限公司屠宰设施改造提升项目	实施治污设施改造提升等生猪规范化屠宰设施建设，建成年屠宰家禽700万羽生产线，配套建设储藏、配送体系	龙游县	2020—2021
7	常山县新希望现代生猪产业化养殖项目	规划面积270亩，拟建设猪舍面积约95 000 m^2，另配套其他附属设施用房面积约8 000 m^2，建成标准化、规模化、循环化、数字化、基地化、绿色化的现代化生猪养殖园区	常山县	2021—2022
8	温氏食品综合体项目	主要建设“一体”（年产2.8万t肉鸡预制食品综合体）、“二园”（食品加工园和饲料配套产业园）、“十中心”（十个生态高效美丽牧场），采用工业化生产，引进物联网智能控制技术，建设包括10个生态美丽牧场（年出栏肉鸡2 000万羽）、肉鸡屠宰车间（设计屠宰6 000只/h）、禽类熟食加工车间（设计加工3 000只/h）、冷库、动力中心、办公研发中心、后勤中心、污水及无公害处理场等	江山市	2021—2025

（续）

序号	项目名称	建设内容	建设地点	建设时间（年）
9	开化县畜牧业高质量绿色发展	规模畜禽场改造提升：结合养殖场生物安全及重大动物疫病防控需求，改造提升年出栏 500 头以上的规模猪场 25 个，存栏 2 000 羽以上禽场 5 个；朗德鹅标准化养殖：建造标准化养殖厂房、仓库等建筑面积 2 760 m^2；中蜂蜜粉源林打造：蜜粉源树种植及蜜粉源林抚育是中蜂产业发展的基础，结合“种植百株蜜源林，生态修复彩化园”、“五边”种植蜜源林等活动，种植抚育蜜源树 50 万株，深化“中华蜜蜂之乡”建设，打造标准化中蜂养殖场（基地）5 个	开化县	2021—2025
10	浙江天蓬畜业有限公司种猪良种场扩建项目	总面积 45 亩，建筑总面积 84 525 m^2。猪场引进原种母猪 10 000 头，公猪 300 头，新建猪舍 3 幢 81 775 m^2，其中：母猪舍 2 幢（6 层）40 320 m^2/ 幢，公猪舍 1 幢 1 135 m^2；饲料仓库、兽医室、消毒室等生产管理用房 700 m^2；员工宿舍 1 幢（3 层）2 050 m^2，配套相关栏舍设施，改扩建排泄物综合处理设施 1 300 m^2，使养殖场污水达到《污水综合排放标准》，开展标准化饲养和高效无污染养殖技术的推广应用	江山市	2021—2025
11	江山市病死动物无害化集中处理项目	完善收集体系，提升收集处理水平，推行畜禽保险与病死畜禽集中处理相结合的联动机制，确保畜禽无害化处理全覆盖	江山市	2020—2023
12	动物防疫体系建设项目	以市和乡镇畜牧兽医站动物防疫基础设施建设为重点，建成比较完备的动物疫病预防控制系统、动物检疫与监督管理系统、动物及其产品质量安全全程监控信息系统等	江山市	2020—2021

（续）

序号	项目名称	建设内容	建设地点	建设时间（年）
13	湖羊初加工厂	总投资 8 000 万元，年屠宰 10 万只湖羊屠宰场，规划面积 30 亩，新建污水处理池 1 000 m^2，改建屠宰、加工生产车间 3 000 m^2，新建冷冻库库容 3 000 m^2	江山市	2021—2022
14	禽类初加工厂	总投资 5 000 万元，年屠宰 2 000 万羽禽类屠宰场，规划面积 20 亩，新建污水处理池 500 m^2，改建屠宰、加工生产车间 2 000 m^2，新建冷冻库库容 2 000 m^2，购置运输车辆 2 辆	江山市	2021—2023
15	浙江华欣牧业年产 6 万 t 秸秆饲料项目	建设秸秆饲料加工生产线一条，年收集加工利用水稻、油菜秸秆 1 万 t；建设青贮窖 6 座，年收集玉米青贮 5 万 t；为 10 万只湖羊提供青贮和秸秆饲料；建设秸秆饲料加工车间一座，建设面积约 11 000 m^2，其中年产 1 万 t 秸秆饲料加工区 1 143 m^2、干草库约 7 000 m^2、成品车间约 2 700 m^2；建设青贮窖 6 座，建设面积约 12 000 m^2。购置机器：饲料机组设备一套，秸秆精细粉碎设备一套，自走式粗粉碎压块一体机 20 台；玉米青贮收割机 30 台。购置运输车辆：运输自卸车 40 辆	江山市	2021—2023
16	浙江汇农 80 万蛋鸡生态示范园区项目	分两期实施：一期投资 3.2 亿元建设存栏 80 万羽蛋鸡场（全自动化标准鸡舍 10 幢 14 400 m^2，鸡蛋分级包装仓库 3 000 m^2、饲料加工车间 1 500 m^2、管理房 1 700 m^2、道路硬化 1 000 m 等附属设施设备），二期投资 1.8 亿元开展鸡文化场馆、游客接待中心、住宿体验及餐饮娱乐区域配套设施	浙江汇农农业开发有限公司	2021—2025

（续）

序号	项目名称	建设内容	建设地点	建设时间（年）
17	华欣生态农业园	总投资 5 亿元，规划用地 2 436 亩（其中建设用地 12.2 亩），建设包括湖羊原种繁育、肉羊养殖、牧草果树种植、饲料加工、排泄物综合利用、羊文化宣传、食羊餐饮及旅游观光服务等种养旅为一体的现代湖羊生态示范园。项目于 2020 年 1 月开工，计划 2024 年完成。目前项目一期土地流转已完成，10 万只湖羊养殖区、配套饲料加工和有机肥生产区的土地平整已基本完成，羊舍、办公楼、饲料厂、有机肥等工程基础建设已同步开工	浙江华欣牧业有限公司	2020—2024
18	江山市翰音农业产业园（金鸡小镇）项目	包括 4 个建设内容，用地面积约为 40 亩，总建筑面积约 17 600 m^2。建成集鸡苗育种繁殖及技术推广区、年产 2 万 t 复合鸡饲料加工区，禽畜屠宰加工及产品交易区以及特色餐饮休闲和鸡文化科普教育区功能于一体的综合农业产业园	江山市	2021—2022
19	华欣湖羊三产融合发展示范园	规划用地面积约 2 436 亩，建设年存栏湖羊 10 万只，年生产有机肥 10 万 t、年产饲料 10 万 t 项目为核心，完成 400 亩牧草种植和果树采摘，以及羊文化建设和餐饮旅游配套设施齐全的大型湖羊生态示范园	江山市	2021—2025
20	龙游县养殖粪污资源化利用	规划用地约 60 亩，购置养殖废弃综合治理设备，年处理 3 万 t 以上畜禽粪污，形成 1.5 万 t 有机肥生产能力，改造 4 家规模养殖场粪污处理设施	龙游县	2020—2021
21	江山农业废弃物资源化综合利用项目	项目用地 120 亩，建设高温厌氧发酵罐、有机肥厂、办公用房等建筑；建设沼气脱硫脱碳、生物天然气灌装等设施	江山市	2020—2023

6.6 水产养殖业

6.6.1 发展方向

以渔业转方式调结构为主线，着力构建渔业资源合理利用、养殖生产生态高效、水产品安全有效供给、渔农民持续稳定增收的生态精品渔业，走出一条“产出高效、产品安全、资源节约、环境友好”的渔业绿色高质量发展道路。

6.6.2 发展建议

一是加大金融、财政资金的扶持力度。加大中央资金在渔业资源保护、机动捕捞渔船油价方面的投入力度；加大对衢州市渔业产业园建设资金的投入力度。主动牵头和社会资本合作，推动设立衢州自由贸易港建设投资基金，按照“母子”架构运作，可通过项目直投或设立项目制专项基金的方式，有针对性地支持渔业领域的企业或项目落地发展。

二是从养殖空间上应着力优化养殖区域布局，推进发展空间从近岸浅滩向底层利用拓展，从单一品种养殖向立体化养殖转变，同时要加快标准化基地建设，重点推进集中连片、设施配套、集约高效的标准化健康养殖园区建设，形成高效集中养殖板块。

三是从养殖方式上，应当深入调整渔业养殖结构，加快培育优势主导产业。以传统养殖业为基础，加快养殖增长方式转变，大力发展现代渔业和都市渔业，提高渔业发展能力。大力推进规模化、标准化健康养殖，突出以工厂化养殖和珍品养殖为代表的高效渔业；建立和健全水产品质量安全管理长效机制，推广高效、绿色、环保的生态养殖模式，确保水产品安全供给；扩大渔业资源增殖放流规模，加快渔业资源生态修复。

6.6.3 发展目标

渔业高质量发展取得明显进展，养殖生产制度和监管体系健全，特色养殖品种产出占比持续提高。到 2025 年，确保全市水产品产量稳定在 7.1 万 t 以上，渔业产业一产产值 9.6 亿元，全产业链产值达 30 亿元，年均增幅 2% 以上，创建省级以上渔业健康养殖示范县 4 个以上、水产健康养殖示范场 100 家以上，渔业健康养殖覆盖率达 80% 以上，力争衢州市 30 亩以上规模养殖主体 100% 实现尾水达标排放或循环利用，产地水产品抽检合格率保持在 98% 以上（表 6-13）。

表 6-13　衢州市渔业产业发展阶段性目标（2021—2025 年）

区县	年度	水产品产量（万 t）	水产养殖面积（万亩）	渔业产值（亿元）
衢州市	2021	7.35	13.8	8.76
	2023	7.25	13.4	9.29
	2025	7.1	13	9.64
柯城区	2021	0.95	1.19	1.31
	2023	0.94	1.14	1.39
	2025	0.92	1.09	1.44
衢江区	2021	1.46	2.51	2.15
	2023	1.44	2.41	2.28
	2025	1.41	2.31	2.37
江山市	2021	1.55	2.7	1.60
	2023	1.53	2.6	1.70
	2025	1.50	2.5	1.76
常山县	2021	0.67	1.06	0.62
	2023	0.66	1.04	0.66
	2025	0.65	1.01	0.68
开化县	2021	0.53	0.73	0.86
	2023	0.52	0.7	0.91
	2025	0.51	0.68	0.95
龙游县	2021	2.18	5.24	2.23
	2023	2.15	5.14	2.36
	2025	2.11	5.04	2.45

6.6.4 产业布局

结合产业发展现状，科学布局水产养殖空间，促进渔业绿色健康发展。逐步做大柯城鲟鱼、龙和草鱼、开化清水鱼三大区域特色产业规模，引导龙游、江山、衢江、开化等地积极发展溪流性鱼类的开发利用，重点在衢江、龙游、江山、常山等地发展稻渔综合种养，全域推广山塘水库洁水养殖技术（图 6-6）。

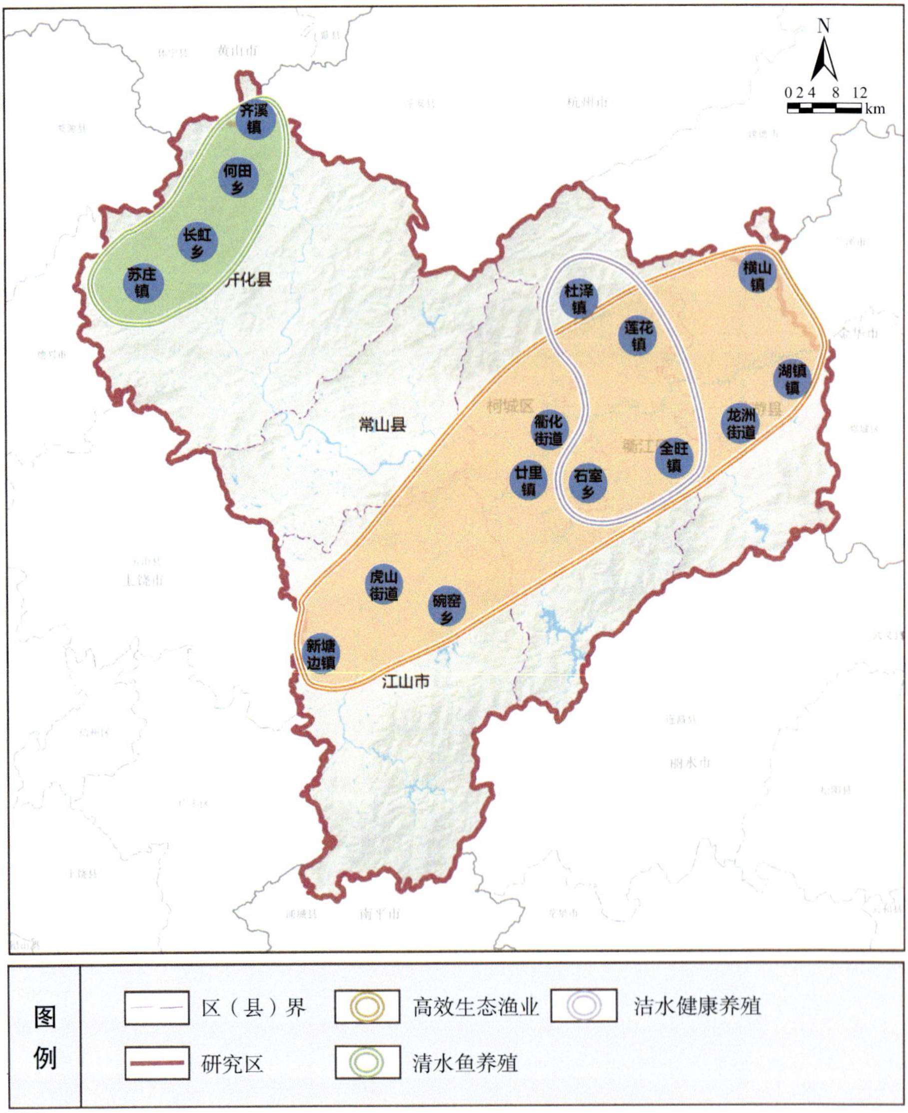

图 6-6 衢州市水产养殖产业空间布局

6.6.5　重点工作任务

（1）推进土著溪流性水产品开发利用

立足发挥资源禀赋和区位优势，突出发展溪流性品种养殖、繁育，扩大光唇鱼、马口鱼、鳜鱼、赤眼鳟、光倒刺鲃等溪流性鱼类养殖规模。探索开展台湾铲颌鱼、斑鳜、宽鳍鱲、开化青蛳等名优品种的养殖繁育，加快亲本培育、全人工繁育、良种保育、加工、储藏及运输等关键技术攻关，提高特色品种产出占比，实现渔业经济由数量、规模型向质量、效益型增长方式的转变。到2025 年，建设土著溪流性鱼类苗种繁育基地 6 家以上、省级水产良种场 3 家以上，争取实现溪流性鱼类养殖面积 2 000 亩以上。

（2）大力发展稻渔综合种养产业

坚持“稳粮增收、以渔促稻”发展理念，结合“部市共建生态农业示范区项目”，将稻渔综合种养示范点纳入生态农业示范区，加强稻渔综合种养各环节的研发与示范，强化农机农艺与渔技的有机衔接与融合。到 2025 年，全市建设稻渔综合种养示范县 2 个、示范乡镇 5 个、示范基地 30 个，力争全市稻渔综合种养面积达 5 万亩，实现平均亩产水稻 500 kg 以上，水产品 50 kg 以上，亩增收 2 000 元以上。

（3）引导发展绿色健康渔业

持续推进渔业健康养殖示范创建，以每年 3% 的增速，到 2025 年全市渔业健康养殖覆盖率达 80%。规范发展山塘水库“洁水渔业”，提炼推广省级地方标准《山塘小型水库洁水养殖技术规范》，在全市山塘水库范围内开展洁水养殖，推进标准化生产、智能控制、远程诊断等“物联网 +”技术的应用，创建洁水养殖水产品品牌，实现减产增效，每年创建示范点 10 个以上，到2025 年建成示范点 50 个以上。加强渔业水域环境监测管控，做好全市渔业水域监测评价和养殖尾水综合治理技术支撑，打造养殖尾水治理示范点、示范区，30 亩以上规模主体尾水 100% 达标排放或循环利用。

（4）延长做强渔业产业链条

以“柯城鲟鱼”和“龙游龙和”模式为重点推进水产品加工流通发展，支持机械化、数字化改造和技术升级改造，完善冷链物流体系，提高水产品加工储运能力。大力推进休闲渔业发展，发展休闲垂钓、体验采捕等特色项目，推进渔业与文化节庆、旅游观光等业态融合发展。加快推进渔业“互联网 +”建设，打造水产品电商销售平台，加强商超对接合作，推动线上服务、线下体验与现代物流深度融合，鼓励发展水产“新零售”模式。到2025年，打造水产品冷链初加工物流园1个，清水鱼主题3A级景区村5个，培育清水鱼销售龙头企业3个。

（5）着力提升渔业组织化程度

扶持发展渔民专业合作社、家庭渔场、渔业产业联合体等新型经营主体，引导养殖水域向家庭农场、水产专业合作社等新型经营主体集中。加大对水产龙头企业扶持力度，鼓励企业通过收购、兼并、参股、品牌联盟等形式整合重组，培植一批骨干龙头企业，创建渔业产业化示范园区，促进产业集群发展。优化资源配置，保护水域滩涂合法经营权，发展多种形式适度规模经营。鼓励和引导工商资本投资渔业产业发展，进一步完善渔业经营体系。健全产业链利益联结机制，建立渔业社会化服务体系，推动生产、流通、营销、服务等环节有效衔接，让渔民分享增值收益。

6.6.6 重点项目与投资

重点建设现代生态渔业园区、大闸蟹产业示范基地、水产品冷链初加工物流园等19个项目（表6-14）。

表6-14 优质水产养殖业重大项目建设清单

序号	项目名称	建设内容	建设地点	建设时间（年）
1	现代生态渔业园区/基地建设	选择基础设施条件较好的渔业园区、示范养殖场、稻田养鱼等区域，实施生态洁水渔业养殖和稻鱼共生轮作，发展“设施型”生态洁水渔业，在精养开发的小山塘（池塘）、渔业园区、规模化繁育基地、苗种场等区域，配套引进工厂化循环水设施，实施水产养殖塘生态化（净化处理）改造工程和规模化水产养殖尾水自动监测系统建设工程，发展“改良型”生态洁水渔业，养殖高经济价值特色品种，在保护生态环境的前提下，实现高密度、高产值、高效益和低排放，有效拉伸、延长产业链	柯城区、衢江区、龙游县、江山市、开化县等重点乡镇	2019—2022

（续）

序号	项目名称	建设内容	建设地点	建设时间（年）
2	浙江蓝龙现代农业产业综合示范园	建设全球首个红螯螯虾种质库，国家级红螯螯虾良种场，占地 880 亩，包括：核心亲本谱系库、原种引进 / 隔离 / 驯化区、标准育苗厂、产业研究院	开化县	2022—2026
3	“钱江源味道”清水鱼养殖基地项目	围绕碧家河水库建设养殖清水鱼基地 + 休闲垂钓 + 清水鱼饮食体验馆 + 观光旅游为一体的清水鱼养殖基地，打造高田坑精品鱼塘，建设清水鱼可溯源体系，统一标识；同时全乡清水鱼养殖大户鱼塘改造提升	开化县	2021—2025
4	溪流性鱼类规模化繁育及养殖示范项目	建设溪流性鱼类种质保存区、苗种繁育区、综合养殖区及休闲渔业区（溪鱼文化馆）共计 150 亩	全市各县（市、区）	2021—2025
5	龙游县渔业养殖基地建设工程	规划用地 230 亩，建设溪水鱼、淡水鱼等品种规模化繁育养殖基地，包括种质保存区、苗种繁育区、综合养殖区、休闲渔业区等功能区块，配套建设养殖尾水处理和常态化检测设施，同步创建“龙和 + 村集体”共享渔业平台养殖模式	龙游县	2020—2025
6	顶尖大闸蟹产业示范项目	科技观光示范园：结合江山港诗画风光带建设，规划利用江山港沿岸荒滩 1 500 亩，高标准建设大闸蟹科技观光示范园，集养殖体验、休闲、观光、展览、美食品尝等功能于一体，成为江山市全域旅游重要展示窗口。大闸蟹水库（山塘）养殖示范基地：引进新技术，建设大闸蟹水库（山塘）养殖示范基地 5 000 亩。大闸蟹稻渔综合种养示范基地：稳粮增收，建设大闸蟹稻渔综合种养示范基地 5 000 亩	江山市	2021—2025

（续）

序号	项目名称	建设内容	建设地点	建设时间（年）
7	特色水产种苗繁育基地建设工程	以浙江江山省级鳜鱼良种场为龙头，建设2～4家特色水产种苗规模化繁育基地，建立斑鳜、石斑鱼、马口鱼、圆吻鲴、唇鱼骨、泥鳅等良种亲本的储备与定期更新制度，至2025年，各类水产种苗生产能力达20亿尾	江山市	2020—2025
8	稻渔综合种养工程	发展建设稻鱼、稻虾、稻鳖、稻鳅共生轮作等模式综合种养区域1.5万亩，实现养鱼稳粮增收减排生态发展，减少农药、渔药使用，提高粮食、水产品质量	江山市	2020—2023
9	休闲渔业示范基地建设工程	结合全域旅游，发展建设休闲渔业示范基地10家，完善相关基础设施，提升服务能力，拓展渔业内涵，提高渔业经济效益和社会生态效益	江山市	2020—2025
10	鲟鱼产业发展及数字提升项目	新建标准化陆地流水养殖基地70亩、研究院实验室650 m^2、鲟鱼产品及文化展厅280 m^2。完成养殖尾水处理系统和加工各环节升级改造，完善电子商务平台，推广鲟鱼品牌文化	衢州鲟龙水产食品科技开发有限公司	2021—2022
11	开化县何田乡清水鱼农业产业强镇项目	标准化清水鱼生产设施建设包括：禾丰茶园清水鱼标准化示范养殖基地建设；十一都清水鱼苗种繁育基地建设；规模基地及散养鱼塘设施提升改造建设，规范标准建设底部排污、尾水处理、人工增氧、循环水利用等设施；养殖配套水利设施建设修复，对禾丰、田畈、柴家等村的鱼塘防洪堤、养殖进排水渠道、拦水堰坝等进行清淤、扩建、修复建设	开化县	2021—2023

（续）

序号	项目名称	建设内容	建设地点	建设时间（年）
12	观赏渔业鱼文化建设	结合“百里须江、美丽长廊”建设，发展观赏鱼养殖，培育新兴的观赏鱼产业	江山市	2020—2025
13	江山市渔业工业化循环水产业项目	规划利用江山港沿岸内滩常年稳定的地下优质渗流水资源，于沿江两岸适宜地段，规划建设工业化循环水生态养鱼基地 8～10 家，农业设施用地规模约 500 亩，基础设施总投资规模约 9.6 亿元，养殖生产经营年投资规模约 3 亿元	江山港沿岸内滩适宜地段	2021—2025
14	水产品冷链初加工物流园	规划用地 23 亩，主要建设水产品冷链加工区、冷储区和办公生活区、文化展示区四大功能板块，总建筑面积 2.54 万 m^2	浙江龙和水产养殖开发有限公司	2021—2022
15	龙游县龙和渔业水产品冷链初加工物流园	规划用地 23 亩，主要建设水产品冷链加工区、冷储区和办公生活区、文化展示区四大功能板块，总建筑面积 2.54 万 m^2	龙游县城东农批市场南侧	2021—2022
16	水产品加工体系建设	继续深化水产干制品、珍珠浓缩液、螺旋藻等系列产品开发，加快水产冷链产品开发，大力提升企业规模，积极拓展水产品加工新领域，开发鱼、虾、蟹、贝、藻等水产品加工，提高产品附加值	江山市	2020—2025
17	水生生物增殖放流生态修复工程	通过增殖放流以圆吻鲴、唇鱼骨、石斑鱼、斑鳜为主的本地土著溪流性鱼类苗种和以滤食性鱼类鲢鳙鱼为主的四大家鱼等常规经济鱼类苗种；恢复水域鱼类自然种群，发挥生态净水作用，保护改善溪流河道、饮用水水源或备用水源水域水质，促进生态文明建设。规划 2020—2025 年增殖放流各类淡水水生生物苗种 4 亿尾，并加大渔业执法力度，增殖与保护并重	江山市	2020—2025

（续）

序号	项目名称	建设内容	建设地点	建设时间（年）
18	规模养殖场生态化改造建设工程	对30亩以上水产规模养殖场进行生态化改造，实现养殖尾水净化处理、零直排。建设一批生物净化处理设施，配备一批水质在线监测、养殖配套设施和信息化管理设备，实行养殖生产和生态环境的实时监控	江山市	2020—2023
19	山塘水库实施生态洁水渔业工程	通过督查考核、建立生态补偿机制等长效管理措施，全面推行生态洁水渔业养殖模式，在全市山塘水库推行禁止施肥、控制投饵等限制养殖模式；在饮用水源或备用水源水库全面推行禁止施肥、投饵，实行生态修复养殖模式	江山市	2020—2025

6.7 蜂产业

6.7.1 发展方向

坚持优质、高效、生态、安全的蜂业发展理念，突出基础夯实、技术支撑、品牌打造、主体育强、链条延伸等重点，优化区域布局，提升蜂业标准化、组织化和产业化发展水平，大力加快蜜蜂产业发展，进一步巩固衢州市蜜蜂产业的全国领先地位。

6.7.2 发展建议

*一是扩大中蜂养殖规模，提升中蜂区域品牌。*中蜂养殖有一定的基础，近年发展较快，已经实现了中蜂土法饲养到活框新法饲养的转变。利用山区资源进一步发展中蜂养殖，既能为山区经济作物传花授粉，弥补蜂蜜原料的不足，

也能为山区农民找到一条致富门路。推广扩大“蜂溢钱江”和“钱江源”等品牌，探索江山市蜂产品区域品牌建设。推进开化音坑乡下淤村、音坑乡工业产业园和中村乡的开化中蜂文化产业园项目建设。

二是加强蜜蜂授粉增产技术集成与示范。充分发挥蜜蜂授粉在现代农业建设中的作用，着重对福赐德、郑氏家庭农场等蜜蜂授粉主体单位开展授粉农技推广、示范，建成蜜蜂授粉产业化生产、规模化推广、市场化运作和专业化服务体系，并建设一批蜜蜂授粉示范点，重点开展种植大户园区和温室大棚授粉，并争取在油菜、草莓、西瓜、猕猴桃、枇杷等作物的规模种植基地实现蜜蜂授粉全覆盖。

三是强化科技创新集成推广。加大授粉蜜蜂饲养管理技术、蜂病防治技术、蜂产品深度开发等研究推广力度，切实提高养蜂业科技水平。依托浙江大学、福建农林大学等，建立科研、养殖、加工、销售、流通各个环节的产业技术开发与利用体系，集成蜜蜂选育、繁育、饲养、疫病科学防控、蜂机具开发、质量溯源先进适用技术，示范带动全市养蜂产业的健康高效发展。

四是完善全产业链布局。提升加工业水平，不断提升壮大蜂产品精深加工业，加大蜂蜡、蜂蛹、蜂毒、蜂巢等保健产品开发力度，促进产品精深加工，提高附加值；拓展上下游产业。充分开发蜂业上下游产品，如蜂箱、蜂帽等蜂机具，以及巢础、蜂蜜瓶、蜂药等，延伸拓展蜂业产业链，抢占全产业链利润点。依托丰富的蜜蜂文化特色资源，建设生态蜂业休闲观光基地、度假村，举办蜜蜂文化节，促进蜂业经营从“卖产品”向“卖文化”“卖健康”转变，特色蜂产品向观光旅游产品的转变，实现养蜂业与旅游文化、养生文化互动发展。

6.7.3　发展目标

到 2025 年，衢州市蜜蜂养殖量稳定在 32 万箱（其中意蜂 25 万箱、中蜂 7 万箱），衢州市蜂业年产值达 22 亿元。培育年产值超过 1.5 亿元的蜂产品加工龙头企业 2 个、年产值超过亿元的全产业链 2 条。全面打响江山市“中国蜜蜂之乡”和开化县“中华蜜蜂之乡”品牌，创建地理登记保护产品 1 个，“钱江源”“恒亮”“江山”等蜂产品品牌知名度和美誉度显著提高，产业竞争力、品牌影响力位居全国一流。成为国家级标准化蜂产品生产基地、成熟蜜生产基地、蜂产品原料供应中心与集散地、蜂产品电商交易中心、蜂产品深加工基地（表6-15）。

表6-15 衢州市蜂产业发展阶段性目标（2021—2025年）

区县	年度	养蜂箱数（万箱）	蜂蜜产量（t）	蜂王浆产量（t）
衢州市	2021	21.96	11 655	605.1
	2023	26.48	14 053	729.6
	2025	32.00	16 984	881.7
柯城区	2021	0.79	538	1.9
	2023	0.95	649	2.3
	2025	1.15	784	2.8
衢江区	2021	0.65	262	9.1
	2023	0.78	316	10.9
	2025	0.95	382	13.2
江山市	2021	15.31	10 574	572.1
	2023	18.46	12 749	689.8
	2025	22.31	15 408	833.7
常山县	2021	0.24	54	0.6
	2023	0.29	65	0.8
	2025	0.35	79	0.9
开化县	2021	4.63	143	10.9
	2023	5.58	172	13.2
	2025	6.75	208	15.9
龙游县	2021	0.35	83	10.4
	2023	0.42	100	12.6
	2025	0.51	121	15.2

6.7.4 产业布局

根据生态资源优势和蜜源植物丰富度，结合产业分布现状，科学布局蜜蜂养殖量，合理推动意蜂、中蜂协同发展。依托蜂产业发展优势，推动以贺村、长台、上余等乡镇为主的江山意蜂产业集聚区建设，重点培育一批蜂产品加工龙头企业和蜜蜂产业特色小镇。依托蜜源植物优势，推动以华埠、林山、杨林等乡镇为主的开化中蜂产业集聚区建设，重点培育一批优质成熟蜜生产基地和中蜂产业扶贫示范基地（图 6-7）。

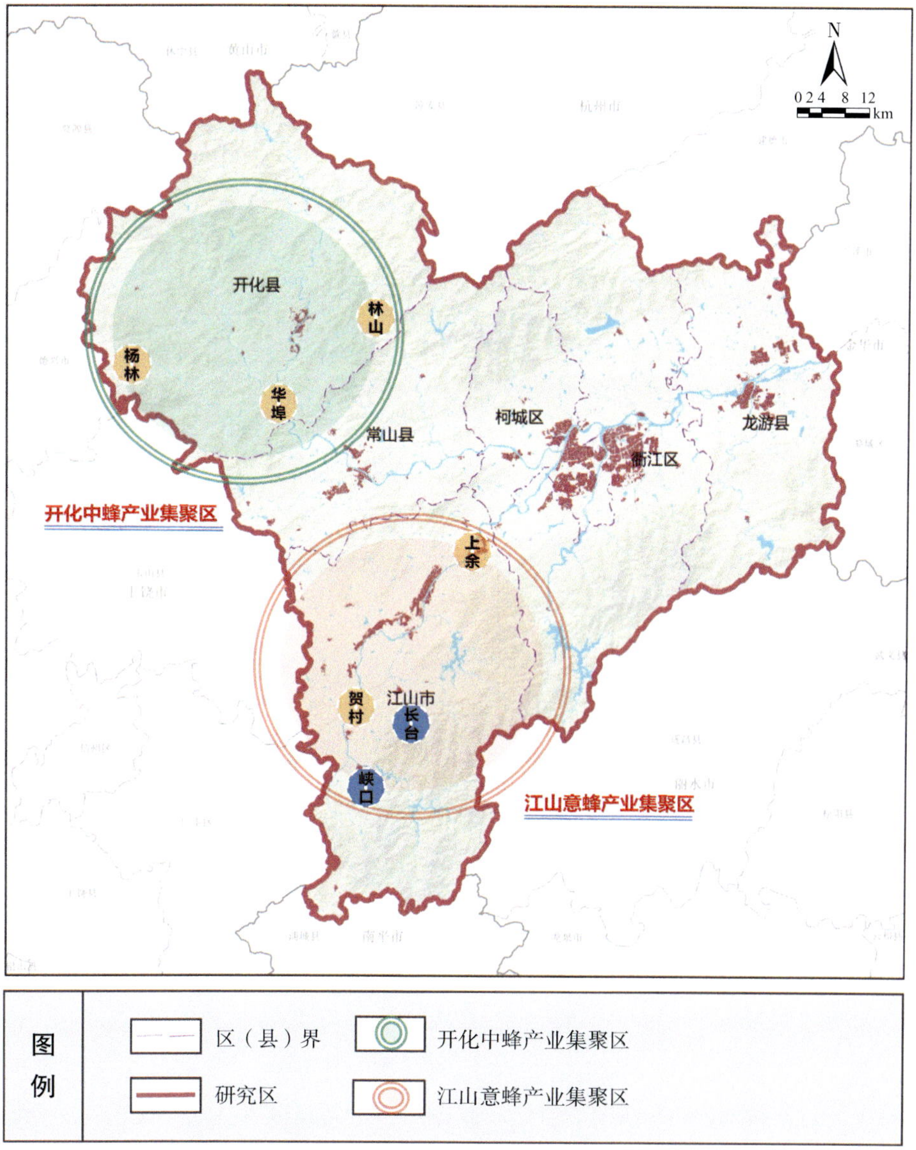

图 6-7　衢州市蜂产业空间布局

6.7.5 重点工作任务

（1）夯实产业基础

加强蜜蜂遗传资源保护管理，做好蜜源植物种植和抚育，形成全民共同保护蜂业资源的局面。规范养蜂场布局，推行养蜂生产各环节的标准化操作，实施蜂产品安全生产规程，加强疫病防控。提高蜂业组织化程度，建立健全市、县两级蜂业协会组织，加强行业自律和行业监管。健全社会化服务体系，加强蜂业从业人员技术培训，培育新型生产经营主体，优化从业人员队伍。

（2）强化技术支撑

加强与浙江大学、浙江农林科学院、福建农林大学等省内外蜂产业科研院所合作，通过知名专家的合作和指导，把握产业发展方向，促进产业提升，建立从育种、养殖、加工、销售各个环节的产业技术开发与利用体系，集成蜜蜂选育、繁育、饲养、疫病科学防控、蜂机具开发、质量溯源先进适用技术，推广普及蜜蜂授粉增产技术，带动全市养蜂产业的健康高效发展。引进和培育蜜蜂产业专业人才和“土专家”，充实蜜蜂产业技术研究推广队伍。

（3）育强龙头主体

支持养殖经营主体开展龙头企业、专业合作社、家庭农场进行美丽牧场、标准化示范场和国家级成熟蜜基地建设。抓好龙头企业转型升级发展，优化配置资源，依托龙头企业现代管理机制和“产、供、销”一体化的经营模式，巩固和强化“公司＋合作社＋基地＋农户”的新型发展模式，通过新型经营主体的示范和带动，进一步扩大蜜蜂产业规模。引进专业营销团队，创新线上线下营销模式，培育蜂产品销售龙头企业。鼓励有研发能力的企业加大研发投入，开展各类蜂产品的产品精深加工。

（4）着力品牌打造

引导和支持蜂业企业、专业合作社大力实施“名牌、名品、名企”发展战略，支持开化县开展“开化土蜂蜜”农产品地理标志登记，支持江山市打响蜂业品牌。开展全方位、多角度、立体化的品牌宣传推介，邀请各大媒体开展采访拍摄，进行深度报道，讲好“甜蜜事业”好故事，进一步提升蜂产品市场知名度和美誉度。鼓励企业积极参加省级以上蜂产品评比和展销活动，强力打造蜂业品牌形象，扩大品牌影响力，提升市场竞争力。

（5）延伸产业链条

按照“做大一产、做精二产、做深三产”的总体思路，不断延伸蜂产业链条。强化招商引资，引进现代化专业企业参与蜂产业发展，引导鼓励企业积极探索开发蜂蜜饮品、养生保健食品、美容用品等深加工产品，打造高端蜂蜜产业链，提升产品附加值。结合全域旅游，深入挖掘勤劳、团结及对甜蜜生活的追求等蜂文化内涵，按照“好看、好玩、好吃”的思路开发蜂事体验、蜂群认养、蜂疗养生等多种业态，以及蜂蜜产品主题菜品和旅游商品，促进一二三产高度融合。推广普及蜜蜂授粉增产技术，以“农业两区”为平台，开展“蜜蜂授粉增产工程”，实现蜂农果农互利共赢。

6.7.6　重点项目与投资

重点建设现代蜜蜂繁育研究基地、蜂产品加工基地、蜂产业智慧平台、蜂生态文化产业园等 8 个项目（表 6-16）。

表 6-16　蜂产业重大项目建设清单

序号	项目名称	建设内容	建设地点	建设时间（年）
1	建设蜜蜂繁育研究基地	开展蜜蜂种质资源保护、研究工作，建设年供应 5 000 只繁育基地	江山市	2021—2023
2	江山市蜂业集群建设项目	建设蜂产品加工、农创客基地，开发蜜蜂养殖手机 App、建立蜂产业智慧平台，打造蜂业电子商务平台和 O2O（线上与线下结合）的新型网络营销平台，建立培训研发质检中心、培训研发中心，建设蜜蜂繁育研究基地，打造万亩蜜粉源基地，建设标准化蜜蜂养殖基地 5 个，标准化蜜蜂授粉示范基地 3 个	江山市	2021—2025
3	建设蜜蜂养殖标准化示范基地	打造万亩蜜粉源基地，建设标准化蜜蜂养殖基地 5 个，标准化蜜蜂授粉示范基地 3 个。每个基地占地 200 m^2，存箱蜜蜂 80 箱	江山市	2021—2022

（续）

序号	项目名称	建设内容	建设地点	建设时间（年）
4	蜂产品加工基地项目	培育引进3～5家蜂产品加工、蜂机具、蜂粮企业和医药、食品、化妆品等深加工企业	江山市	2021—2025
5	片剂GMP生产车间及冷链项目	新建或提升改造胶囊、片剂GMP生产车间4 000 m^2，购置真空冷冻干燥机、冷链运输车、设备设施，新建冷库6 000 m^3以上。新建自动蜂蜜醋、蜂蜜软糖生产线等蜂产品深加工生产线	江山市	2020—2021
6	蜂产业智慧平台项目	开发蜜蜂养殖手机App，建立蜂产业智慧平台。建立蜂产业农创客基地，打造蜂业电子商务平台和O2O（线上与线下结合）的新型网络营销平台，鼓励蜂产品营销商家加入阿里巴巴、淘宝、天猫、京东等电商平台，建设蜜蜂全产业数字化管理云平台，打通从生产、加工、检测、展示、销售到数字化管理等全量数据库	江山市	2021—2023
7	建立培训研发质检中心	对接各类专业院校，建设培训及研发中心、蜂产品质量检验检测中心，跟踪掌握国内外行业标准及蜂产品质量检测标准等，建立完善蜂产品质量监测体系	江山市	2021—2022
8	钱江源中蜂生态文化产业园项目	建设康体养生综合体1幢，养生用房4幢及相关配套设施。打造集中蜂培育销售、蜜粉源植物种植观赏、养蜂技术培训、蜂产品的生产及衍生品开发、蜂疗康体养生为一体的特色中蜂文化产业园	开化县	2020—2025

第7章　提升高质量现代农业支撑体系

7.1　提升农业基础设施支撑体系

7.1.1　严格耕地保护

严格控制非农建设占用耕地，加强对非建设性占用耕地的管理，不断优化耕地利用结构，合理调整土地利用布局，加大土地整理复垦，提高土地集约利用水平。实施沃土工程、测土配方施肥工程。改进耕作方式，发展保护性耕作。

7.1.2　高标准农田建设

全面摸清全市高标准农田建设数量、质量、分布和利用状况，加强农业农村、自然资源和规划、水利、发改等部门之间规划衔接，精心编制“十四五”高标准农田建设规划，把建设任务分解细化到乡镇和村组。优先完善项目区灌排、田间交通等基础设施，优先建设土地流转率高、粮食生产经营规模化好的地区。坚持新项目区配套建设与老项目区改造提升相结合、规模连片建设与零散地治理相结合，以村为单元、乡镇为单位进行整体推进。

7.1.3　提升耕地质量

以绿色发展为导向，切实做好耕地质量保护、建设和管理。规范开展耕地质量等级变更调查，确立耕地质量等级，针对耕地质量现状和耕地健康障碍因子，示范推广耕地地力提升绿色技术。加强受污染耕地安全利用与治理修复，提高耕地土壤环境质量，探索合理耕作制度，实行用地养地相结合，加强后续培肥，防止地力下降。加强耕地质量监测点、土壤墒情监测点、土壤环境监控点标准化建设，建立健全耕地质量监测体系。

7.1.4 健全防灾减灾体系

健全完善预警监测机制，加强农业农村、自然资源、应急管理、气象等部门之间协作配合，整合现有资源和设备，建立完备的农业灾害监测预警信息系统，持续加强气象监测，加大灾害性天气预警预报，拓展预警信息发布途径，及时传递灾害防范措施，有效提升灾害预防能力和水平。完善重大自然灾害突发事件应急预案，健全防灾救灾服务体系，加强应急队伍建设和物资储备，有针对性开展防灾救灾应急演练和专业知识培训，确保灾害发生后能够快速反应、科学处置。针对气候特征，密切配合，加强防灾减灾技术支持，抓好农业技术咨询、业务指导、跟踪服务，加强监测预报服务和影响评估，适时开展人工影响天气作业，及时制定灾后扶持政策，切实做好种子、种苗等生产物资储备供应，确保农业产业持续健康发展。

7.2 持续建设农业机械装备支撑体系

7.2.1 农业全程机械化高效生产

立足粮食生产全程机械化基础优势，聚焦环节延伸、装备升级、机艺融合、设施提档、服务转型等，构建高质高效农业机械化生产体系，全力打造升级版的粮食生产全程机械化智能化示范区。加大试验示范和科技支撑力度，开展其他主要农作物薄弱环节机械化的试验示范和机具选型工作，加快突破油菜播种、收获等环节机械化技术，制定完善轮作种植模式与机具配置方案，着力提升主要农作物机械化种植和采收水平。支持有条件的县（市、区）整体率先基本实现主要农作物生产全程机械化。

7.2.2　农业机械智能化、绿色化

加快推进智能化、绿色化农机装备与技术创新，紧盯国内国际智能农机装备技术前沿，加强协同攻关，集中突破一批智能农机“卡脖子”关键技术；示范推广智能化、绿色化农机装备与技术，加快推广精量播种、精准施药、高效施肥、水肥一体化、节水灌溉、绿色烘干等绿色高效机械装备与技术，发展生态循环农业，建设一批“无人农场”“数字渔场”“智慧牧场”等示范基地。

7.2.3　农机作业社会化服务

培育壮大农机大户、农机专业户以及农机合作社、农机作业公司等新型农机服务组织，支持农机服务组织开展多种形式适度规模经营，鼓励家庭农场、生态农场、农业企业等新型农业经营主体从事农机作业服务。

7.3　创新农业科技支撑与推广体系

7.3.1　农药化肥减量增效

以农业“两区”为主平台，以主导特色产业为重点，深化测土配方施肥技术，扩大配方肥应用覆盖面，加大商品有机肥、沼液、秸秆还田、绿肥种植等有机养分替代力度，大力推广微生物肥料、缓控释肥等新型肥料和肥水一体化技术，提高肥料利用率。在全市范围整县制推进化肥定额制实施，确保商品有机肥和配方肥年使用量。农药减量增效，加快农作物病虫害监测预警信息化建设，完善监测预警信息化平台，加强预测预报，加大高效环保农药推广力度，推进病虫害专业化统防统治与绿色防控融合、植保领域“机器换人”，加大农药减量技术应用示范，提高农药利用率。

7.3.2 废弃物资源化利用

加快畜禽养殖废弃物资源化利用。强化养殖污染源头控制，大力发展绿色畜禽养殖。强力推进畜禽养殖粪污处理。创新粪污资源化利用机制。加强科研院所对畜禽粪污还田利用技术支撑服务。开展畜禽粪污资源化利用工作绩效评估，强化考评结果应用，指导畜禽养殖场（户）切实履行污染防治主体责任。强化农作物秸秆综合利用。完善农作物秸秆资源台账体系。因地制宜开展秸秆肥料化、饲料化、能源化、基料化、原料化利用，推动秸秆就地就近高值化综合利用与农村人居环境改善的有机结合。开展秸秆全域综合利用试点示范，推进秸秆综合利用产业化发展，提高全市秸秆综合利用水平。开展废旧农膜回收。实施“谁生产、谁回收”的地膜生产者责任延伸制度，全面推广使用0.01 mm 以上的加厚地膜，开展加厚、可降解地膜试验示范应用，持续开展农田地膜残留监测。

7.3.3 生态循环农业建设

鼓励生态养殖，推进水产养殖业与种植业有效对接。推广农林牧渔复合型模式。培育构建“种植业—畜禽养殖—粪肥还田”“养殖业—畜禽粪便—沼渣 / 沼液—种植业”等循环利用模式。构建林业循环经济产业链，推广林上、林间、林下立体开发产业模式。鼓励利用林业废弃物和次小薪材生产人造板、纸、活性炭、食用菌等产品和生物质能源。构建粮、菜、果、茶、畜、鱼、林业生产以及农业加工、农村能源、物流、旅游一体化等一二三产业融合发展的现代复合型循环经济产业体系。

7.3.4 零 / 低碳农业试点

低碳发展农业示范试点全面推进，配套政策和评价指标体系逐步完善，建成一批具有典型示范意义的绿色低碳农业园区、“零碳农业”示范试点等。

7.4　健全农产品质量安全监测体系

7.4.1　农产品质量安全风险防控

建立健全农产品质量安全网格化管理体系，完善产地环境预警、农业投入品监管、生产过程管控、收购储运过程监管、包装标识管理等制度，明确农产品质量安全监管、执法、检验检测、食品安全监督执法等有关部门工作职责，市、县、镇三级配备必要的检验检测、执法取证、样品采集、质量追溯等设施设备。

7.4.2　农产品质量安全标准体系

聚焦农产品质量安全监管需求，推动农药兽药残留标准提质扩面，完善农药兽药残留及相关膳食数据，强化风险评估与标准制定衔接，加快特色小宗作物、小品种动物限量及检测方法制修订，提升农药兽药残留标准的科学性和覆盖面。聚焦稳产保供和绿色发展，加快健全粮食安全、耕地保护、种业发展、产地环境、农业投入品、循环农业等领域标准。聚焦消费升级和营养健康需求，推动建立农产品品质评价和检测方法标准，鼓励制定优质农产品团体和企业标准。

7.4.3　农产品质量安全全程监管

建立农产品质量安全综合监管平台，把生产监控、投入品监管、检验检测、质量追溯、监管预警、宣传教育六大功能全部纳入平台，面向公众提供农产品质量安全信息查询、农产品溯源信息查询、投诉举报、专家视频会诊等服务，实现对重点农产品生产、流通、检测等关键环节的全程监控。

7.5 夯实数字农业农村支撑体系

7.5.1 构建资源数字化体系

重点建设农业自然资源、重要农业种质资源、农村集体资产、农村宅基地、农户和新型农业经营主体五类大数据，夯实数字农业农村发展基础。

7.5.2 推动生产数字化提升

推进种植业信息化、畜牧业智能化、渔业智慧化、种业数字化、新业态多元化、质量安全管控全程化，提升农业数字化生产力。

7.5.3 打造管理数字化平台

建立健全农业农村管理决策支持技术体系和重要农产品全产业链监测预警体系，建设数字农业农村服务体系、农村人居环境智能监测体系、乡村数字治理体系，推进乡村治理现代化。

7.6 完善农业产业社会化服务体系

健全农业社会化服务体系是科技、信息、资金、人才等现代生产要素有效植入农业产业链的保障，是发展高效农业、绿色农业、质量农业，促进农村三产融合发展的重要抓手。

7.6.1 加快建设产业园

深刻理解国家现代农业园区建设、发展趋势，根据产业发展思路、发展重点、发展布局，建设一批不同类型的典型示范园区（科技园区、产业园区、休闲园区、生态循环园区等），提出园区建设思路、指标、发展支撑体系，建设流域绿色农业产业化园区体系，带动并促进流域绿色产业高质量发展。

7.6.2　深化农业产业融合

通过纵向的农业产业链延伸、横向的农业功能拓展等形式促进产业链、价值链、供应链、利益链的“四链重构”，实现外部效应内部化，降低交易成本，提升辐射带动力和产业发展的质量与竞争力。积极推广农业新技术、新业态，发展特色生态农业，打造一批一二三产业融合发展的现代农业园区。推动食品、中药材等加工业发展，打造工农业融合发展集聚区，促进工农业融合发展产业链和产业集群发展。

7.6.3　打造衢字号品牌

加强对“三衢味”品牌的授权、管理、保护、品控、营销，整合、借用各种资源和力量，通过股权投资、合作等方式，构建完善的检测溯源、宣传推广、展示展销等品牌运营体系，拓展精深加工、冷链物流、休闲旅游、培训、会融服务等品牌服务体系，加强全市名特优新农产品的挖掘、遴选和培育，壮大“三衢味”子品牌培育库，通过建档立库、信息咨询、服务培训等方式，强化对“三衢味”子品牌的指导、培育和维权，实现母子品牌共同发展，建立健全涵盖果蔬、茶叶、水产、米面粮油、肉禽蛋等“三衢味”农产品的质量标准体系，依托省市县农产品追溯平台、企业自建平台等推动“三衢味”农产品可追溯化发展。围绕“衢六味”入选品种（衢枳壳、白及、陈皮、猴头菇、白花蛇舌草、黄精 6 味中药材品种）以及重点培育品种（蜂蜜、白芍、覆盆子、三叶青、莲子、葛根重点培育品种），结合“活力新衢州、美丽大花园”建设总体布局和各地品种种植基础，编制“衢六味”产业发展规划，建设规模化、标准化“衢六味”种植基地，制定“衢六味”基地认定标准、中药材标准、种植栽培技术标准，对衢州中药材进行品质化打造，抓好“衢六味”上牌后的用牌、护牌、强牌措施，加大宣传力度，将“衢六味”打造为衢州市中药材产业高质量发展的一张金名片。

7.6.4　加快培育新型农业经营主体

新型农业经营主体和服务主体与小农户密切关联，是带动小农户的主体力量。应加快培育新型农业经营主体和服务主体，以家庭农场、生态农场、农民合作社和社会化服务组织为重点，不断提升生产经营水平，增强服务和带动小农户能力，保护好小农户利益，把小农户引入现代农业发展大格局。加大新型农业经营主体和服务主体经营者培训力度，坚持面向产业、融入产业、服务产业，着力建机制、定规范、抓考核，强化农民教育培训体系，实施好新型农业经营主体带头人、返乡入乡创新创业者等分类培育计划，加强统筹指导各地各部门培训计划，大力开展家庭农场经营者轮训，分期分批开展农民合作社骨干培训，加大农业社会化服务组织负责人培训力度。

7.6.5　推进农业社会化服务组织建设

按照主体多元、形式多样、服务专业、竞争充分的原则，加快培育各类服务组织，充分发挥不同服务主体各自的优势和功能。支持农村集体经济组织通过发展农业生产性服务，发挥其统一经营功能；鼓励农民合作社向成员提供各类生产经营服务，发挥其服务成员、引领农民对接市场的纽带作用；引导龙头企业通过基地建设和订单方式为农户提供全程服务，发挥其服务带动作用；支持各类专业服务公司发展，发挥其服务模式成熟、服务机制灵活、服务水平较高的优势。

第 8 章　强化高质量现代农业保障体系

8.1　组织保障

衢州市各级党委、政府应高度重视现代农业产业高质量发展研究，由市政府成立工作领导小组，统筹负责现代农业产业高质量发展的组织、协调等工作，建立“领导小组＋工作专班＋项目实施小组”工作机制。

农业农村部门应牵头制定构建现代农业产业高质量发展体系行动计划并组织实施，确保有序推进和高质量完成，把先行市建设工作纳入市有关部门管理目标。各有关部门应按照职责分工，加大工作推进和支持力度。各县（市、区）政府和政府相关部门按照职责分工，将相关目标任务纳入本地区和本部门的重点工作，明确责任和进度，精心组织，协调配合，建立健全综合协调机制、工作联动机制、评估考核机制。

8.2　政策保障

发挥政策引领作用，研究制定扶持现代农业产业高质量发展的相关配套政策，在重要农业产业的新品种推广、生产基地建设、产业高质量发展成果宣传推介、新型主体培育、金融保险支持、农业科技支撑、乡村产业发展、新时代美丽乡村建设等方面加大政策扶持力度，着力解决制约现代农业产业高质量发展的瓶颈问题。

紧紧围绕农业增效、农民增收的总体目标，以实施乡村振兴战略为指引，以深化农业供给侧结构性改革为主线，坚持品种、品质、品牌“三品联动”，坚持内销、出口、加工三驾马车“并驾齐驱”，优化高质量农业产业营商环境，建立和完善农业产业市场的监管机制，探索建立新型职业农民发展农业企业的营商环境评价机制。

各县（市、区）制定土地利用年度计划时，统筹安排至少 5% 新增建设用地指标保障乡村产业用地，合理安排农业龙头企业等新型农业经营主体的扩建、新建项目用地，鼓励实行乡村产业建设用地单列和重大项目“点状供地”。完善农业设施用地管理办法，落实农业产业附属配套设施农业用地，鼓励农业龙头企业通过村级集体经济组织，依法依规流转闲置或低效使用的场所和集体建设用地发展农业产业。对实行规模化种植的农业龙头企业，给予全面落实设施农用地政策。支持农业龙头企业通过开展生态保护修复，依法依规取得一定份额的土地使用权用于发展农业产业。支持农业龙头企业合建或与农村集体经济组织共建仓储烘干、保鲜库、农机库棚、产地预冷等农业基础性设施。

8.3 资金保障

整合涉农发展资金，有计划有重点地支持衢州市农业产业高质量发展；建立各级财政农业投入稳定增长机制，重点强化农业基础设施建设，注重发挥农业科技的引导驱动作用，为促进农业结构调整、发展方式转变，实现持续发展提供支撑；精心筹划现代农业产业建设项目，多争取上级资金支持，充分利用衢州各口径优惠政策，将所需资金列入国民经济发展计划中。

拓宽资金筹措渠道，采取多种模式保证衢州市农业产业高质量发展，有效整合农用资金。建立衢州市公私合作投资模式（PPP 模式），以政府与私人组织间的特许协议为基础，建立彼此间平等合作、风险共担的工作关系，推动衢州当地“三农”基础设施和农业产业园区开发项目的特许建设及运营，通过动员社会资本的参与，减轻财政支出压力，平滑政府年度间的财政支出波动，使政府及社会资本发挥各自最大的优势。同时，推动在市场运作过程中的政府职能转变，减少政府的市场参与度，突出自身公共服务、市场监管和环境保护等方面职能，为衢州农业发展引进新的投入保障。

建立资金保障措施，一是确立衢州发展财政投入的持续稳定保障机制；二是明确资金来源渠道，建立财政来源和预算相关机构；三是加快推进衢州农业保险工作，鼓励特色品种纳入政策性保险试点，实现政策性保险全覆盖。

8.4　人才保障

与农业院校、科研单位建立长期广泛的协作关系，聘请专家学者组成的科技顾问团或者专家委员会指导衢州农业发展，解决农业生产中的技术难题，参与衢州农业政策的制定。

制定长期人才引进计划，积极开展社会精英招聘及农业相关毕业生的引进，为衢州农业人才队伍提供新鲜血液。构建年龄结构合理、技术能力过硬的人才梯队，保持衢州农业人才队伍的整体活力。

鼓励现有优秀农业科技人才和经营管理人才进行科研开发、技术服务和投资创业，充实到科技推广一线，逐步解决农业科技推广队伍人员缺失的局面，进一步完善农技人才队伍结构。

在统筹“三农”培训资源和涉农科研院所、高校的科研师资力量的同时，通过免费面向农民，按需设置课程主题，开展以职业农民和农村实用性技术人才建设为目的的培育工程，加快建立一支“有文化、懂技术、会经营”的新型职业农民队伍。

8.5　科技保障

建设院士专家工作站。充分发挥院士专家能动性，围绕农村当地急需解决的关键技术问题，组织院士专家创新团队与建站主体开展联合攻关，引进院士及其领衔的创新团队的科研成果，在建站主体实施成果转化和产业化，培育和打造自主知识产权和自主品牌。

建设科技平台。实施农村科技特派员制度，加快农业新品种、新技术、新模式的转化，积极组织农业主体申报农业“星创天地”，完善农村“双创”环境，打造农业产业领域“苗圃—孵化—加速—产业化”全流程的创业创新平台体系。

培育生态农民。充分利用各地党校、行政学院、高等学校、职业技术学校及行业协会等力量，加强对管理部门、龙头企业、农民专业合作社、家庭农场（林场）、生态农场等相关人员的现代农业产业高质量发展的知识和技术培训。

8.6 宣传保障

及时总结工作中的好经验、好做法，重点宣传产业高质量发展成果、推广高质量产业与全域旅游、乡村旅游深度融合，大力开发新业态。组织开展形式多样、喜闻乐见的高质量农业产业发展宣传与科普教育活动，营造舆论氛围。

建设现代农业产业高质量发展教育示范基地，将现代农业产业高质量发展作为群众教育、新闻宣传、科学普及、思想文化等重要内容，不断提高衢州党政干部和农民群众对现代农业产业高质量发展的必要性和重要性的认识。

附 录

衢州市现代农业产业高质量发展重大项目建设清单（表）

序号	项目名称	建设内容	建设地点	建设时间（年）
合计				219.41
一、粮油产业				
1	水稻“机器换人”示范县创建	以农机专业合作社、种粮大户为重点对象，推进水稻机械化穴直播、烘干、植保、耕作、收获、筑埂及育插秧标准化作业等技术应用，重点推广乘坐式高速插秧机、大马力粮食收获机械、精量穴直播机、筑埂机、大马力拖拉机等高性能机械，逐步淘汰老旧机具，在机械穴直播、机械筑埂等技术环节取得突破，整体提升水稻耕种收机械化水平。2025 年，水稻耕种收综合机械化率达到 85% 以上	产稻县（市、区）	2019—2025
2	“稻 +”综合种养生产基地建设	选择水源条件好、排灌方便、耕作层较深和无污染等基础条件较好稻田，根据稻田实际情况开挖环形或者“目”形鱼沟，加高加固田埂，做好拦鱼防逃设施，科学核定水域养殖容量，严禁施肥，控制投饵，建设稻鱼、稻鳖、稻鳅共生轮作等综合种养模式，减少农药化肥使用，提高粮食、水产品质量，实现稳粮养鱼增收减排绿色发展	龙游县、常山县、开化县等县区的粮食主产乡镇	2019—2022
3	稻渔综合种养示范推广项目	发展生态循环农业，推广稻渔综合种养技术及模式，提高农民种稻积极性，解决“非粮化”问题，促进农渔深度融合，提升农产品品质；建设稻渔综合种养示范县 2 个、示范乡镇 5 个、示范基地 30 个，改造水产良种场 2 个	全市各县（市、区）	2021—2025

（续）

序号	项目名称	建设内容	建设地点	建设时间（年）
4	粮食生产功能区提标改造	以提升粮食生产条件、建设吨粮田为核心，对尚未达到吨粮标准的粮食生产功能区进行提标改造，主要包括修复或新建排灌沟渠道、机耕路、机坡、泵站以及农用电网等农田基础设施，新建、修剪与粮食生产功能区相配套的水稻育秧、谷物烘干和农机综合服务等中心，种植绿肥、秸秆还田、增施有机肥等土壤培肥措施，提高土壤有机质含量，推广千斤粮万元钱、水旱轮作、间作套种等高效生态种植模式。2025 年，全市全面建成省级粮食功能区 59 万亩，新建和提升粮食生产功能区 5.7 万亩	全市各县（市、区）	2019—2022
5	粮食功能区管护项目	全市粮食功能区水路渠管护提升改造建设	全市各县（市、区）	2021—2025
6	粮食生产功能区“非粮化”整改项目	整改粮食生产功能区“非粮化”面积，移除非粮作物，恢复土地的粮食生产功能	全市各县（市、区）	2021—2025
7	江山市粮食生产功能区提标改造项目	在粮食生产功能区内建设排灌渠、机耕路、下田坡、泵站和农用电网等基础设施，在服务中心建设生产用房、育秧房、粮食烘干机、除杂机等粮食加工设备和陪同设施	江山市	2021—2025
8	江山市“全国新增千亿斤粮食生产能力规划田间工程建设项目”	硬化田间机耕路、新建机耕路、改建灌溉渠道，改建灌排结合渠渠道、新建下田坡、新建抽水泵站等	江山市	2020—2025
9	粮食产加销融合发展项目	全市新培育粮食产加销融合发展主体 5 个，推进培训、育秧、烘干、农机、农资、五化中心建设，提升改造或购置先进的粮食加工机械设备，实现粮食生产加工销售全产业链发展	全市各县（市、区）	2021—2025

（续）

序号	项目名称	建设内容	建设地点	建设时间（年）
10	2.6 万 t 粮食（粮油制品）仓储配送及物流	计划受让土地 15 亩，其中：商业 5 亩，仓储 10 亩，建设粮食商务大楼 6 000 m^2（功能包括粮油制品网上电商平台、交易中心、配送中心、商务中心），粮食仓储 12 000 m^2，大型冷库 2 000 m^2，物流车辆地下停车场	常山县	2021—2022
11	“梁花”科创产业园	新建红高粱、多彩油菜花系列产品深加工厂房 2 万 m^2，占地面积 60 亩，生产线及设备，仓储用房用地 40 亩，建筑面积 8 万 m^2	开化县	2020—2024
12	粮油绿色高产创建项目	推广应用水稻“两壮两高”栽培技术、配方施肥、绿色防控等集成配套技术。建立千亩绿色高产高效示范片。进行育秧中心、优质米加工服务中心等主体建设	江山市	2020—2022
13	浙江省大桥镇农业产业强镇项目	优质水稻示范区基础设施建设、粮食绿色高产高效区域化全产业链建设、稻米品牌培育建设、稻渔空间建设	江山市	—
14	粮食产、供销全产业链发展	筛选优质稻米品种，示范推广优质稻米种植，集成绿色高质高效技术模式，通过建立生产基地，加快推进优质稻米产加销一体化经营。同时培育稻米品牌，打造江山优质稻米公共品牌，推动稻米全产业链发展，提高大米市场竞争力、品牌影响力，推进传统产业转型升级。至 2025 年，全市建成生产环境优良、种植品种优质、稻米品牌销售、经济效益明显的产加销一体化基地 5 个	江山市	2021—2025

（续）

序号	项目名称	建设内容	建设地点	建设时间（年）
二、水果产业				
15	智慧农机装备应用示范基地	依托家庭农场、设施温室，开展“智慧农业”示范点建设，结合省级“现代化数字牧场”创建工作，充分利用定位标签、在线视频监控、温湿度传感等物联网技术，引进和示范推广基于云计算、移动互联、5G等现代信息技术的智慧农机装备，全面推进，塑造“只见农机不见人”的农业生产场景。2025年，在常山县建成柑橘智慧农机装备应用示范基地1处，建成自动化农业（蔬菜）工厂1处	柑桔智慧农机装备应用示范基地：常山县；江山市星菜植物工厂：江山市山海协作区	2019—2022
16	万亩精品柑橘基地建设	在全市范围内建设精品柑橘基地10 000亩，单个基地最低要求集中连片20亩以上，推广柑橘新品种，推行标准化种植、精细化管理、品牌化营销	新型农业经营主体，实行以奖代补	2021—2025
17	柯城区石梁镇柑橘小镇	通过建设柑橘农旅融合发展区、柑橘小镇柑橘生态健康产业区、石梁溪花卉产业区、柑橘科技与数字化产业区和柑橘冷链物流加工区五大功能区，构建柑橘小镇产业发展基础、激活小镇流量、实现小镇长久活力	农法自然农业科技有限公司、浙江澳创果业有限公司、浙江韵泽盈农业科技发展有限公司	2021—2025
18	常山县香柚产业园	规划用地范围总面积20 000亩，规划布局“一心多点”。其中：核心区项目——珊瑚畈香柚种植园，主要分布在天马、金川2个街道，规划用地范围14 000亩、相对集中连片种植面积5 000多亩；区外项目，主要分布在白石、球川、紫港、辉埠4个乡镇（街道），基地单体种植面积均保持在500亩以上	浙江柚香谷投资管理有限公司	2020—2024

（续）

序号	项目名称	建设内容	建设地点	建设时间（年）
19	胡柚小镇	胡柚实生树群保护区、胡柚深加工基地；建设“十里柚香街”、农产品电商创业园；新建滨港休闲旅游景观带、赏石品柚商贸区、休闲养生发展区、民俗文化展示区等；实施土地流转、土地整治，村庄景区化提升、水环境治理与美化、文旅产业等	荣盛农旅集团、亿利集团、农投公司	2020—2024
20	全国猕猴桃交易集散中心（市场）	全国猕猴桃交易、批发中心	江山市	2021—2025
21	常山胡柚产业提质升级工程	开展常山胡柚新品种选育，培育常山胡柚新品种苗木，推广种植胡柚新品种 6 000 亩；开展衢枳壳基源认定，推动衢枳壳普及应用和产品开发，争取常山柚橙（常山胡柚）列入《中国药典》2020 年版增补本；推动胡柚品牌化销售、拓展销售渠道	常山县	2020—2025
22	柚香谷农村产业融合发展示范园	流转土地，建立香柚基地 1 万亩，购置香柚加工生产线及运输、灌溉、喷药等机械设备，安装滴灌设施，完善水、电、路等基础设施及配套附属工程，推广应用先进适用技术	常山县	2020—2025
23	胡柚小镇建设	打造建立基地、加工、仓储、物流、文化展示为一体的集工业、商业、旅游、休闲一体化的特色小镇	常山县	2021—2025
24	常山胡柚物流（集散）中心	建设 10 000 m^2 的物流中心，按照“一核多点”的思路，仓储、分选、冷链、交易、物流等配套功能，打造集常山胡柚，衢枳壳产业发货、集散于一体的大型物流集散中心	常山县	2021—2025
25	招贤香柚湾	位于招贤镇象湖、山底等村，规划用地总面积 1 万亩，土地整治总规模约 6 500 亩。建设内容主要为：实施土地流转、土地整治，村庄景区化提升、水环境治理与美化、文旅产业等	常山县	2021—2024

（续）

序号	项目名称	建设内容	建设地点	建设时间（年）
26	常山胡柚酒生产基地	以常山胡柚为主要原料，计划年加工胡柚酒 12 000 t，胡柚醋酸饮料 30 000 t，胡柚白兰地 2 000 t，胡柚蜂蜜酒 6 000 t，柚香白酒 15 000 t 的农产品深加工产业基地	常山县	2021—2025
27	万亩胡柚高效节水工程	建设 5 万亩胡柚基地高效节水工程	常山县	2021—2025
28	底本红橘产业示范园	通过招商引资，与恒寿堂有限公司合作流转低丘缓坡 10 000 亩，种植底本红蜜橘，并建设 2 处采摘休闲基地	开化县	2023—2026
29	江山市高标准猕猴桃精品园基地建设	计划建设高标准猕猴桃设施栽培精品园示范基地 5 000 亩，建立猕猴桃智慧栽培、大棚避雨栽培，全面提升基地设施水平，降低生产成本，提升种植效益	江山市	2021—2025
30	中国南方猕猴桃集散中心	规划建筑面积 75 000 m^2，建设物资交易区、仓储区、快递物流服务区、电子商务区、气调冷库猕猴桃展示展销馆等，集成分拣包装、冷藏保鲜、仓储运输等冷链物流基础设施功能，提升猕猴桃等冷藏保鲜能力和冷链流通率	江山市	2020—2025
31	江山市水果深加工园区建设	建设以加工猕猴桃、柑橘为主的各种酒类、饮料、休闲食品、保健品等水果深加工工厂。用地 100 亩，建筑规模 3 万 m^2	江山市	2022—2025
32	江山市猕猴桃基地建设、提升	高标准猕猴桃种植基地 3 000 亩，其中建设避雨大棚 1 000 亩，以土壤改良、架式改造、水电路配套、机械配套等主要内容老基地提升改造 1 万亩	江山市	2020—2025
33	江山市柑橘基地建设、提升	高标准种植以红美人、葡萄柚、金秋糖橘、马家柚等新品种为主的柑橘基地 3 000 亩，新建柑橘大棚 1 500 亩，淘汰低效老橘园 3 000 亩，改造提升老橘园 1 万亩	江山市	2020—2025

（续）

序号	项目名称	建设内容	建设地点	建设时间（年）
34	江山市精品水果观光园区建设	建设100个猕猴桃、柑橘等水果观光、休闲、采摘园，每个园面积不少于50亩。包括基地设施、休闲设施建设	江山市	2020—2025
35	江山市水果科技园区建设	水果品种园，栽培模式示范园，水果研究院，果树科普园等，建设规模200亩	江山市	2021—2023
36	江山市水果产品质量放心基地建设	通过改土、改良品种、改善设施、改变病虫害防控措施等，建设猕猴桃、柑橘等水果绿色食品基地50个，面积5 000亩，通过绿色认证。配套相关水果产品质量控制设备	江山市	2020—2025
37	江山市水果产业品牌建设	通过媒体宣传、各类认证、注册商标、参加各类博览会等，打造一批区域知名水果品牌	江山市	2020—2025
38	全国“互联网+”农产品出村进城试点项目	计划打造全国“村播”标杆地，建设村播产业基地项目；建立柯城区柑橘产业化运营主体，建成和提升50个柑橘精品园、10个柑橘数字化农场；建立柑橘全产业链标准体系；完善农业产业链，提供冷链物流、农业信息及时共享服务等公共服务，柑橘出口加工园、乡镇集散点设施改造提升	柯城区	2021—2025
39	香榧三产融合项目	累计建成香榧标准化基地1万亩，种苗繁育基地1 000亩，建成集香榧产品研发、精深加工、文化展示、商品物流于一体，三产融合、全产业链发展的香榧产业园50亩	常山县	2019—2027

（续）

序号	项目名称	建设内容	建设地点	建设时间（年）
40	柯城区柑橘小镇项目	坚持“以柑橘产业振兴为主导、以三产融合为手段、以数字化为支撑”的基本战略，深入推进集柑橘种质资源保护、无病毒苗木繁育、优新柑橘品种展示、高新技术示范推广、教育培训、休闲旅游、文化传承和柑橘大数据等八大功能于一体的全产业链数字化产业园建设，着力开展观光亭、观光廊桥、步道等橘子主题公园配套设施的建设。拟建设成阿里巴巴数字产业园，打造以橘子元素为主的网红打卡新地	柯城区	2021—2025
三、蔬菜和食用菌产业				
41	保障型蔬菜基地建设	建设保障型蔬菜基地 30 000 亩	衢州市各县（市、区）	2021—2025
42	盒马村阿里数字农业示范区建设项目	谋划建设和提升富里万亩果蔬种植基地、杜泽万亩水生蔬菜产业园和莲花镇现代农业园区等三大基地，培育“杜泽茭白”“衢江莲藕”“衢椒一号”等蔬菜产业优势区。做好“杜泽茭白”、小皇姜、食用笋等地理商标创建和知识产权申报，打响衢江农业区域品牌。规划建设“盒马村”产地仓，接入盒马鲜生线上线下、直采直销订单系统，推广农业订单基地	上海盒马网络科技公司、衢江区	2021—2025
43	常山县食用菌科技产业园建设	拟改建提升现有厂房 21 000 m^2，新建标准化连栋大棚 2 000 m^2，主要包括科研中心、生产中心、加工中心、新技术孵化中心、文旅中心、仓储物流中心、原辅材料交易中心、办公区，配套改建管理用房等附属设施，建成集食用菌生产、研发、精深加工、技术推广、文旅为一体的食用菌产业综合体	常山县	2020—2024

（续）

序号	项目名称	建设内容	建设地点	建设时间（年）
44	千亩有机雪藕提升培育项目	新扩建“太泰”藕粉面系列产品生产车间，带动石门镇周边农户发展有机雪藕 1 000 亩	江山市	2020—2022
45	千亩高山辣椒特色基地建设项目	重点在碗窑水库、白水坑水库周边的张村、塘岭、碗窑、塘源口等乡镇跨村、跨乡镇建设高山特色辣椒优势带，调整优化品种结构，组织相对集中连片生产，形成“一乡一品，几乡一品”的千亩特辣、特优、上市期特别的特色辣椒基地	江山市	2020—2022
46	千亩休闲蔬菜生产基地建设项目	依托江山如画公司、绿然腾家庭农场等市内知名休闲观光农业企业，继续发展观赏葫芦、观赏南瓜、迷你黄瓜、造型甜瓜、迷你番茄等休闲采摘蔬菜产业，种植规模 1 500 亩	江山市	2020—2022
47	千万元产值蔬菜加工企业引进培育项目	新建或改建蔬菜加工企业 1～3 家，并通过 3～5 年发展，成长为年产值 2 000 万元以上、年利税 200 万元以上的中型蔬菜加工企业	江山市	2020—2023
48	千名蔬菜骨干人员素质提升工程建设项目	开展专业技术培训，使全市 1 000 名蔬菜骨干人员的技术水平和专业素质得到有效、有序提升，使之能完全适应蔬菜产业发展要求	江山市	2020—2025
49	江山市食用菌一三产融合发展	日产 30 万瓶（日产量 100 t）金针菇生产区，日接待量 2 000 人次的科普生产体验区、产品展示及美食服务区	江山市	2021—2025
50	食用菌智慧产业园	日产 60 t 智能工厂化金针菇生产线，并配套数字电商、产品展示、菌菇科普、菌菇美食、菌渣处理等综合性食用菌园区，项目总用地 200～300 亩，其中建设用地 30 亩	江山市	2020—2024

（续）

序号	项目名称	建设内容	建设地点	建设时间（年）
51	智能工厂化食用菌菇旅融合	建设生产车间、出菇房、仓库、办公场所、美食品尝区、产品展示区、菌菇文化博物馆等新增建筑面积 13 500 m^2，形成年接待游客 2 万人次，开展中小学生科普教育 3 000 人次，年产 8 000 t 的工厂化食用菌生产能力	江山市	2020—2023
52	龙游有机蔬菜集散中心	规划用地 20 亩，主要建设蔬菜冷链储运设施，配套建设 5 万亩鲜食大豆等蔬菜生产基地	龙游县	2020—2024
53	龙游县悯农生态产业园	规划面积 2 km^2，主要建设蔬菜核心种植区 3 500 亩，农产品加工园区及配送中心用地 26 370 m^2	龙游县省级现代农业园区，龙游城东农批市场南侧	2021—2022
四、中药材产业				
54	中药材野生资源保护开发	通过原地保护或异地保护，保护江山道地药材和濒危珍稀药材野生种质资源；建设中药材种质资源圃，收集和保存浙江省道地药材、濒危珍稀药材和中药材育成新品种，为新品种选育提供材料；通过抚育补种等措施开发仿生栽培中药材基地	江山市	2020—2021
55	优良种子种苗标准化繁育示范基地建设	研究江山道地药材和濒危珍稀药材（黄精、白及等）良种快繁技术，制定良种繁育技术规程，建立良种繁育基地，为江山市提供优良种子种苗	江山市	2020—2021
56	林下中药材生态栽培示范基地	利用江山市丰富的毛竹林、猕猴桃、板栗、杉木林等大力发展竹林下种植黄精、白及等	江山市	2020—2025
57	药光互补标准化栽培示范	针对江山近 10 000 亩光伏基地，利用药光互补，大力发展光伏板下中药材，重点发展阴生植物黄精、白及等	江山市	2020—2025

（续）

序号	项目名称	建设内容	建设地点	建设时间（年）
58	中药材 GAP、绿色示范栽培技术研究推广及示范基地建设	以江山道地药材为主要种植品种，完善田间生产道路、水利等基础设施，示范推广中药材标准化生产技术。开展规范化操作培训，提高药农的科学素质，促进中药材种植生产的规范化，力争通过新版 GAP 中药材栽培基地验收。全面推广绿化标准化栽培技术，在全省率先实现全市主栽中药材绿色化	江山市	2020—2025
59	柑橘类中药材产业实施项目	利用老橘区的技术，老橘园转型提升为衢枳壳、玳玳果等中药材产地	江山市	2020—2023
60	黄精种植和加工	黄精种植面积达到 2 000 亩（其中园地水利设施 1 500 亩），培育黄精初加工户 3 家，精加工户 1 家	江山市	2020—2025
61	主栽品种药材初加工示范基地建设	合理支持黄精、白及等主栽品种药材实现基地初加工	江山市	2021—2022
62	中药材精深加工示范基地建设	引进培育以江山道地药材深加工、传统中成药开发为重点的中药饮片加工、中药制药、中药保健食品、中药康养产品等中药类相关企业，健全中药工业产业体系。大力支持相关重点企业的创新发展，培育壮大一批中药加工企业，加快中药产业集聚规模效应	江山市	2021—2024
63	开化县中医药产业链开发建设项目	打造全草类药材生产线一条，新上药食同源保健食品生产线两条，药食同源品种生产基地一个 300 亩，规范化种子种苗基地 100 亩，浙西特色中药材产地加工、仓储基地，建立全草类药材“共享车间”、浙西特色中药材标准体系研究及追溯系统	开化县	2021—2025

（续）

序号	项目名称	建设内容	建设地点	建设时间（年）
64	中药材物流交易中心建设	配套完善交易市场硬件设施，完善仓储设施、质量检验、电子商务、追溯体系和现代物流配送等，探索“互联网＋中药材”新型商业模式，加快信息技术平台建设，提高服务水平	江山市	2021—2023
65	中药材产业科技创新中心平台建设	建设公用检验、检测、科技研发的科技创新中心平台，提高快速检测能力；鼓励中药企业，加大技改投入，引进高层次人才，加大研发投入，研制开发以江山道地药材为主要原料的中药新药、保健品及功能性食品、美肤品，特别是以黄精、白及等为原料的新产品；加快药食两用中药材的精深加工，重点开发以药食两用药材为原料的旅游产品	江山市	2021—2024
66	大街神农谷中草药田园综合体项目	规划面积约 4 000 亩，主要建设中药材种植基地、创意农业示范区、储存仓库、生态农产品加工区、农业科技研究院、中草药文化博览园、人文景观风景带等内容	龙游县	2020—2025
67	“天池药谷”智慧数字中药示范产业园项目	建设种植基地、中药博物馆、初加工中心、研学基地“百药园”、数字化管理系统等内容，打造“基地＋合作社＋农户”形式发展的示范产业园	龙游县	2020—2025
68	江山市“药食两用”药材产业园建设	计划建设“药食两用”药材生产基地 10 000 余亩，拟规划种植黄精、葛根、山药、生姜、薏米等约 10 000 亩，新建“药食两用”药材研学基地 2 个，设施大棚面积 20 亩，初加工基地 1 个，深加工基地和三产融合养生观光园 1 个，工业旅游基地 1 个	江山市各主体基地	2021—2025

（续）

序号	项目名称	建设内容	建设地点	建设时间（年）
69	龙游县神农谷中草药田园综合体	以中草药种植为主导，集旅游观光、农民培训、中医康养、高端民宿为一体的大型农文旅产业园	浙江龙游大攸中草药有限公司	2018—2023
70	柯城区九华衢六味康养药博园田园综合体项目	规划面积 2 200 亩，其中土地开发面积约 1 300 亩，重点集聚中医特色民宿、药材观光、中医药保健养生、中医药科普教育、农民创业基地、健康旅游、运动休闲、养老养生为一体的田园综合体项目	浙江早椿农业开发有限公司	2021—2023
71	开化县特色农产品示范基地项目	建设铁皮石斛仿野生种植基地 800 亩，构建农业物联网追溯系统，发展铁皮石斛种源基地 35 亩；建设铁皮石斛加工中心 1 500 m^2，中医药研学科普体验园 20 亩，休闲康养体验展示中心 800 m^2；建设铁皮石斛品牌直营店 10 家	开化县	2021—2023
72	“中药材 +”三产融合示范建设	建设“百草园”中药材观光园，收集中药材，根据中药材生长特点、观赏性、中药文化等进行规划，并建立相关配套设施；加快中药材与中医药文化、观光、休闲旅游和健康养生等融合，扶持建立以中医药为主题的休闲旅游及健康养生旅游基地，推进药旅融合	江山市	2021—2023
73	仿野生药材三产融合基地建设	建设 20 万亩仿野生（林下）药材种植基地，结合全域旅游建设包含中药材初加工基地及深加工基地的中药材三产融合养生观光园 2 个，工业旅游基地 1 个	江山市	2021—2025
74	品牌建设	加大品牌建设与宣传，统筹安排政府品牌建设扶持资金，每年举办中药产业高峰论坛或其他节会，鼓励企业加大品牌投入，打造“江山”字号区域公共品牌和企业自有品牌	江山市	2020—2025

（续）

序号	项目名称	建设内容	建设地点	建设时间（年）
75	“衢六味”道地中药材区域品牌建设	围绕“衢六味”入选品种（衢枳壳、白及、陈皮、猴头菇、白花蛇舌草、黄精6味中药材品种）以及重点培育品种，建设规模化、标准化“衢六味”种植基地，制定“衢六味”基地认定标准、中药材标准、种植栽培技术标准，将“衢六味”打造为衢州市中药材产业高质量发展的一张金名片	全市各县（市、区）	2019—2025
五、畜禽养殖业				
76	地方品种保种项目	通过以奖代补的方式，扶持本地地方品种保种建设和产业发展，主要涉及龙游乌猪、龙游麻鸡、江山乌猪、江山白耳黄鸡、江山白毛乌骨鸡、江山白鹅、中华蜜蜂、浙江浆蜂等衢州地方品种。按照每个保种场30万元的补助，连补5年的方式进行保种和产业扶持	全市各县（市、区）	2021—2025
77	地方畜禽遗传资源保护开发项目	以龙游乌猪、龙游麻鸡、江山乌猪、江山白耳黄鸡、江山白毛乌骨鸡、江山白鹅等衢州地方品种为重点，加强地方畜禽遗传资源的保护扶持和开发利用	全市各县（市、区）	2021—2025
78	畜牧业绿色发展示范创建	严格落实“一场一方案”治理措施，规模猪场和水禽场全部完成生态消纳治理、发酵床治理或“工业＋生态＋发酵床”三选一治理，进一步扩大“龙游开启模式”“常山大公模式”“江山石明模式”等大、中、小生态循环模式覆盖面，实现畜禽养殖与生态环境的高度匹配，全力打造畜禽排泄物资源化高效利用“升级版”。2022年，建设畜牧业绿色发展示范县6个	全市各县（市、区）	2019—2022

（续）

序号	项目名称	建设内容	建设地点	建设时间（年）
79	生猪标准化规模养殖场（小区）建设项目	改造提升畜禽养殖栏舍、防疫设施、粪污处理设施、资源化利用设施和智慧畜牧信息监控设备	江山市	2020—2025
80	龙游县衢州温氏畜牧有限公司现代化家禽养殖项目	建设占地400亩的现代化种鸡场和占地300亩的现代化高效养殖小区，达到年投苗6 200万羽养殖能力	龙游县	2021—2023
81	龙游县宏泰食品有限公司屠宰设施改造提升项目	实施治污设施改造提升等生猪规范化屠宰设施建设，建成年屠宰家禽700万羽生产线，配套建设储藏、配送体系	龙游县	2020—2021
82	常山县新希望现代生猪产业化养殖项目	规划面积270亩，拟建设猪舍面积约95 000 m^2，另配套其他附属设施用房面积约8 000 m^2，建成标准化、规模化、循环化、数字化、基地化、绿色化的现代化生猪养殖园区	常山县	2021—2022
83	温氏食品综合体项目	主要建设“一体”（年产2.8万t肉鸡预制食品综合体）、“二园”（食品加工园和饲料配套产业园）、“十中心”（十个生态高效美丽牧场），采用工业化生产，引进物联网智能控制技术，建设包括10个生态美丽牧场（年出栏肉鸡2 000万羽）、肉鸡屠宰车间（设计屠宰6 000只/h）、禽类熟食加工车间（设计加工3 000只/h）、冷库、动力中心、办公研发中心、后勤中心、污水及无公害处理场等	江山市	2021—2025

（续）

序号	项目名称	建设内容	建设地点	建设时间（年）
84	开化县畜牧业高质量绿色发展	规模畜禽场改造提升：结合养殖场生物安全及重大动物疫病防控需求，改造提升年出栏500头以上的规模猪场25个，存栏2 000只以上禽场5个；朗德鹅标准化养殖：建造标准化养殖厂房、仓库等建筑面积2 760 m^2；中蜂蜜粉源林打造：蜜粉源树种植及蜜粉源林抚育是中蜂产业发展的基础，结合“种植百株蜜源林，生态修复彩化园”、“五边”种植蜜源林等活动，种植抚育蜜源树50万株，深化“中华蜜蜂之乡”建设，打造标准化中蜂养殖场（基地）5个	开化县	2021—2025
85	浙江天蓬畜业有限公司种猪良种场扩建项目	总面积45亩，建筑总面积84 525 m^2。猪场引进原种母猪10 000头，公猪300头，新建猪舍3幢81 775 m^2，其中：母猪舍2幢（6层）40 320 m^2/栋，公猪舍1幢1 135 m^2；饲料仓库、兽医室、消毒室等生产管理用房700 m^2；员工宿舍1幢（3层）2 050 m^2，配套相关栏舍设施，改扩建排泄物综合处理设施1 300 m^2，使养殖场污水达到《污水综合排放标准》，开展标准化饲养和高效无污染养殖技术的推广应用	江山市	2021—2025
86	江山市病死动物无害化集中处理项目	完善收集体系，提升收集处理水平，推行畜禽保险与病死畜禽集中处理相结合的联动机制，确保畜禽无害化处理全覆盖	江山市	2020—2023
87	动物防疫体系建设项目	以市和乡镇畜牧兽医站动物防疫基础设施建设为重点，建成比较完备的动物疫病预防控制系统、动物检疫与监督管理系统、动物及其产品质量安全全程监控信息系统等	江山市	2020—2021

（续）

序号	项目名称	建设内容	建设地点	建设时间（年）
88	湖羊初加工场	总投资 8 000 万元，年屠宰 10 万只湖羊屠宰场，规划面积 30 亩，新建污水处理池 1 000 m^2，改建屠宰、加工生产车间 3 000 m^2，新建冷冻库库容 3 000 m^2	江山市	2021—2022
89	禽类初加工场	总投资 5 000 万元，年屠宰 2 000 万羽禽类屠宰场，规划面积 20 亩，新建污水处理池 500 m^2，改建屠宰、加工生产车间 2 000 m^2，新建冷冻库库容 2 000 m^2，购置运输车辆 2 辆	江山市	2021—2023
90	浙江华欣牧业年产 6 万 t 秸秆饲料项目	建设秸秆饲料加工生产线一条，年收集加工利用水稻、油菜秸秆 1 万 t；建设青贮窖 6 座，年收集玉米青贮 5 万 t；为 10 万只湖羊提供青贮和秸秆饲料；建设秸秆饲料加工车间一座，建设面积约 11 000 m^2，其中年产 1 万 t 秸秆饲料加工区 1 143 m^2、干草库约 7 000 m^2、成品车间约 2 700 m^2；建设青贮窖 6 座，建设面积约 12 000 m^2。购置机器：饲料机组设备一套，秸秆精细粉碎设备一套，自走式粗粉碎压块一体机 20 台；玉米青贮收割机 30 台。购置运输车辆：运输自卸车 40 辆	江山市	2021—2023
91	浙江汇农 80 万羽蛋鸡生态示范园区项目	分两期实施：一期投资 3.2 亿元建设存栏 80 万羽蛋鸡场（全自动化标准鸡舍 10 幢 14 400 m^2，鸡蛋分级包装仓库 3 000 m^2、饲料加工车间 1 500 m^2、管理房 1 700 m^2、道路硬化 1 000 m 等附属设施设备），二期投资 1.8 亿元开展鸡文化场馆、游客接待中心、住宿体验及餐饮娱乐区域配套设施	浙江汇农农业开发有限公司	2021—2025

（续）

序号	项目名称	建设内容	建设地点	建设时间（年）
92	华欣生态农业园	总投资5亿元，规划用地2 436亩（其中建设用地12.2亩），建设包括湖羊原种繁育、肉羊养殖、牧草果树种植、饲料加工、排泄物综合利用、羊文化宣传、食羊餐饮及旅游观光服务等种养旅为一体的现代湖羊生态示范园。项目于2020年1月开工，计划2024年完成。目前项目一期土地流转已完成，10万只湖羊养殖区、配套饲料加工和有机肥生产区的土地平整已基本完成，羊舍、办公楼、饲料厂、有机肥等工程基础建设已同步开工	浙江华欣牧业有限公司	2020—2024
93	江山市翰音农业产业园（金鸡小镇）项目	包括4个建设内容，用地面积约为40亩，总建筑面积约17 600 m^2。建成集鸡苗育种繁殖及技术推广区、年产2万t复合鸡饲料加工区，禽畜屠宰加工及产品交易区以及特色餐饮休闲和鸡文化科普教育区功能于一体的综合农业产业园	江山市	2021—2022
94	华欣湖羊三产融合发展示范园	规划用地面积约2 436亩，建设年存栏湖羊10万只，年生产有机肥10万t、年产饲料10万t项目为核心，完成400亩牧草种植和果树采摘、以及羊文化建设和餐饮旅游配套设施齐全的大型湖羊生态示范园	江山市	2021—2025
95	龙游县养殖粪污资源化利用	规划用地约60亩，购置养殖废弃综合治理设备，年处理3万t以上畜禽粪污，形成1.5万t有机肥生产能力，改造4家规模养殖场粪污处理设施	龙游县	2020—2021
96	江山农业废弃物资源化综合利用项目	项目用地120亩，建设高温厌氧发酵罐、有机肥厂、办公用房等建筑；建设沼气脱硫脱碳、生物天然气灌装等设施	江山市	2020—2023

（续）

序号	项目名称	建设内容	建设地点	建设时间（年）
六、水产养殖业				
97	现代生态渔业园区 / 基地建设	选择基础设施条件较好的渔业园区、示范养殖场、稻田养鱼等区域，实施生态洁水渔业养殖和稻鱼共生轮作，发展“设施型”生态洁水渔业，在精养开发的小山塘（池塘）、渔业园区、规模化繁育基地、苗种场等区域，配套引进工厂化循环水设施，实施水产养殖塘生态化（净化处理）改造工程和规模化水产养殖尾水自动监测系统建设工程，发展“改良型”生态洁水渔业，养殖高经济价值特色品种，在保护生态环境的前提下，实现高密度、高产值、高效益和低排放，有效拉伸、延长产业链	柯城区、衢江区、龙游县、江山市、开化县等重点乡镇	2019—2022
98	浙江蓝龙现代农业产业综合示范园	建设全球首个红螯螯虾种质库，国家级红螯螯虾良种场，占地 880 亩，包括：核心亲本谱系库、原种引进 / 隔离 / 驯化区、标准育苗厂、产业研究院	开化县	2022—2026
99	“钱江源味道”清水鱼养殖基地项目	围绕碧家河水库建设养殖清水鱼基地 + 休闲垂钓 + 清水鱼饮食体验馆 + 观光旅游为一体的清水鱼养殖基地，打造高田坑精品鱼塘，建设清水鱼可溯源体系，统一标识；同时全乡清水鱼养殖大户鱼塘改造提升	开化县	2021—2025
100	溪流性鱼类规模化繁育及养殖示范项目	建设溪流性鱼类种质保存区、苗种繁育区、综合养殖区及休闲渔业区（溪鱼文化馆）共计 150 亩	全市各县（市、区）	2021—2025
101	龙游县渔业养殖基地建设工程	规划用地 230 亩，建设溪水鱼、淡水鱼等品种规模化繁育养殖基地，包括种质保存区、苗种繁育区、综合养殖区、休闲渔业区等功能区块，配套建设养殖尾水处理和常态化检测设施，同步创建“龙和 + 村集体”共享渔业平台养殖模式	龙游县	2020—2025

（续）

序号	项目名称	建设内容	建设地点	建设时间（年）
102	顶尖大闸蟹产业示范项目	大闸蟹科技观光示范园：结合江山港诗画风光带建设，规划利用江山港沿岸荒滩1 500亩，高标准建设大闸蟹科技观光示范园，集养殖体验、休闲、观光、展览、美食品尝等功能于一体，成为江山市全域旅游重要展示窗口。大闸蟹水库（山塘）养殖示范基地：引进新技术，建设大闸蟹水库（山塘）养殖示范基地5 000亩。大闸蟹稻渔综合种养示范基地：稳粮增收，建设大闸蟹稻渔综合种养示范基地5 000亩	江山市	2021—2025
103	特色水产种苗繁育基地建设工程	以浙江江山省级鳜鱼良种场为龙头，建设2～4家特色水产种苗规模化繁育基地，建立斑鳜、石斑鱼、马口鱼、圆吻鲴、唇鱼骨、泥鳅等良种亲本的储备与定期更新制度，至2025年，各类水产种苗生产能力达20亿尾	江山市	2020—2025
104	稻渔综合种养工程	发展建设稻鱼、稻虾、稻鳖、稻鳅共生轮作等模式综合种养区域1.5万亩，实现养鱼稳粮增收减排生态发展，减少农药、渔药使用，提高粮食、水产品质量	江山市	2020—2023
105	休闲渔业示范基地建设工程	结合全域旅游，发展建设休闲渔业示范基地10家，完善相关基础设施，提升服务能力，拓展渔业内涵，提高渔业经济效益和社会生态效益	江山市	2020—2025
106	鲟鱼产业发展及数字提升项目	新建标准化陆地流水养殖基地70亩、研究院实验室650 m^2、鲟鱼产品及文化展厅280 m^2。完成养殖尾水处理系统和加工各环节升级改造，完善电子商务平台，推广鲟鱼品牌文化	衢州鲟龙水产食品科技开发有限公司	2021—2022

（续）

序号	项目名称	建设内容	建设地点	建设时间（年）
107	开化县何田乡清水鱼农业产业强镇项目	标准化清水鱼生产设施建设包括：禾丰茶园清水鱼标准化示范养殖基地建设；十一都清水鱼苗种繁育基地建设；规模基地及散养鱼塘设施提升改造建设，规范标准建设底部排污、尾水处理、人工增氧、循环水利用等设施；养殖配套水利设施建设修复，对禾丰、田畈、柴家等村的鱼塘防洪堤、养殖进排水渠道、拦水堰坝等进行清淤、扩建、修复建设	开化县	2021—2023
108	观赏渔业鱼文化建设	结合“百里须江、美丽长廊”建设，发展观赏鱼养殖，培育新兴的观赏鱼产业	江山市	2020—2025
109	江山市渔业工业化循环水产业项目	规划利用江山港沿岸内滩常年稳定的地下优质渗流水资源，于沿江两岸适宜地段，规划建设工业化循环水生态养鱼基地 8～10 家，农业设施用地规模约 500 亩，基础设施总投资规模约 9.6 亿元，养殖生产经营年投资规模约 3 亿元	江山港沿岸内滩适宜地段	2021—2025
110	水产品冷链初加工物流园	规划用地 23 亩，主要建设水产品冷链加工区、冷储区和办公生活区、文化展示区四大功能板块，总建筑面积 2.54 万 m^2	浙江龙和水产养殖开发有限公司	2021—2022
111	龙游县龙和渔业水产品冷链初加工物流园	规划用地 23 亩，主要建设水产品冷链加工区、冷储区和办公生活区、文化展示区四大功能板块，总建筑面积 2.54 万 m^2	龙游县城东农批市场南侧	2021—2022
112	水产品加工体系建设	继续深化水产干制品、珍珠浓缩液、螺旋藻等系列产品开发，加快水产冷链产品开发，大力提升企业规模，积极拓展水产品加工新领域，开发鱼、虾、蟹、贝、藻等水产品加工，提高产品附加值	江山市	2020—2025

（续）

序号	项目名称	建设内容	建设地点	建设时间（年）
113	水生生物增殖放流生态修复工程	通过增殖放流以圆吻鲴、唇鱼骨、石斑鱼、斑鳜为主的本地土著溪流性鱼类苗种和以滤食性鱼类鲢鳙鱼为主的四大家鱼等常规经济鱼类苗种；恢复水域鱼类自然种群，发挥生态净水作用，保护改善溪流河道、饮用水水源或备用水源水域水质，促进生态文明建设。规划2020—2025年增殖放流各类淡水水生生物苗种4亿尾，并加大渔业执法力度，增殖与保护并重	江山市	2020—2025
114	规模养殖场生态化改造建设工程	对30亩以上水产规模养殖场进行生态化改造，实现养殖尾水净化处理、零直排。建设一批生物净化处理设施，配备一批水质在线监测、养殖配套设施和信息化管理设备，实行养殖生产和生态环境的实时监控	江山市	2020—2023
115	山塘水库实施生态洁水渔业工程	通过督查考核、建立生态补偿机制等长效管理措施，全面推行生态洁水渔业养殖模式，在全市山塘水库推行禁止施肥、控制投饵等限制养殖模式；在饮用水源或备用水源水库全面推行禁止施肥、投饵，实行生态修复养殖模式	江山市	2020—2025
七、蜂产业				
116	建设蜜蜂繁育研究基地	开展蜜蜂种质资源保护、研究工作，建设年供应5 000只繁育基地	江山市	2021—2023
117	江山市蜂业集群建设项目	建设蜂产品加工、农创客基地，开发蜜蜂养殖手机App、建立蜂产业智慧平台，打造蜂业电子商务平台和O2O（线上与线下结合）的新型网络营销平台，建立培训研发质检中心、培训研发中心，建设蜜蜂繁育研究基地，打造万亩蜜粉源基地，建设标准化蜜蜂养殖基地5个，标准化蜜蜂授粉示范基地3个	江山市	2021—2025

（续）

序号	项目名称	建设内容	建设地点	建设时间（年）
118	建设蜜蜂养殖标准化示范基地	打造万亩蜜粉源基地，建设标准化蜜蜂养殖基地 5 个，标准化蜜蜂授粉示范基地 3 个。每个基地占地 200 m^2，存箱蜜蜂 80 箱	江山市	2021—2022
119	蜂产品加工基地项目	培育引进 3～5 家蜂产品加工、蜂机具、蜂粮企业，医药、食品、化妆品等深加工企业	江山市	2021—2025
120	片剂 GMP 生产车间及冷链项目	新建或提升改造胶囊、片剂 GMP 生产车间 4 000 m^2，购置真空冷冻干燥机、冷链运输车、设备设施，新建冷库 6 000 m^3 以上。新建自动蜂蜜醋、蜂蜜软糖生产线等蜂产品深加工生产线	江山市	2020—2021
121	蜂产业智慧平台项目	开发蜜蜂养殖手机 App，建立蜂产业智慧平台。建立蜂产业农创客基地，打造蜂业电子商务平台和 O2O（线上与线下结合）的新型网络营销平台，鼓励蜂产品营销商家加入阿里巴巴、淘宝、天猫、京东等电商平台，建设蜜蜂全产业数字化管理云平台，打通从生产、加工、检测、展示、销售到数字化管理等全量数据库	江山市	2021—2023
122	建立培训研发质检中心	对接各类专业院校，建设培训及研发中心、蜂产品质量检验检测中心，跟踪掌握国内外行业标准及蜂产品质量检测标准等，建立完善蜂产品质量监测体系	江山市	2021—2022
123	钱江源中蜂生态文化产业园项目	建设康体养生综合体 1 幢，养生用房 4 幢及相关配套设施。打造集中蜂培育销售、蜜粉源植物种植观赏、养蜂技术培训、蜂产品的生产及衍生品开发、蜂疗康体养生为一体的特色中蜂文化产业园	开化县	2020—2025